新商务汉语教程

New Business Chinese Intensive Reading (II)

新商务汉语精读教程

罗陈霞 朱彤 编著

（下册）

清华大学出版社
北京

内 容 简 介

本书是一本专门讲授商务汉语精读知识的语音教科书。内容与上册一脉相承,更加深入、全面都讲授中国商务活动中亟须精准理解的内容。适用于具备一定汉语基础、希望了解中国商务活动概括的汉语学习者。

版权所有,侵权必究。举报:010-62782989,beiqinquan@tup.tsinghua.edu.cn。

图书在版编目(CIP)数据

新商务汉语精读教程.下册/罗陈霞,朱彤编著.--北京:清华大学出版社,2015(2024.3重印)
(新商务汉语教程)
ISBN 978-7-302-38047-4

Ⅰ.①新… Ⅱ.①罗… ②朱… Ⅲ.①商务一汉语—对外汉语教学—教材 Ⅳ.①H195.4

中国版本图书馆 CIP 数据核字(2014)第 219835 号

责任编辑:纪海虹
封面设计:傅瑞学
责任校对:王荣静
责任印制:刘海龙

出版发行:清华大学出版社
网　　址:https://www.tup.com.cn,https://www.wqxuetang.com
地　　址:北京清华大学学研大厦 A 座　　邮　　编:100084
社 总 机:010-83470000　　邮　　购:010-62786544
投稿与读者服务:010-62776969,c-service@tup.tsinghua.edu.cn
质量反馈:010-62772015,zhiliang@tup.tsinghua.edu.cn

印 装 者:涿州市殷润文化传播有限公司
经　　销:全国新华书店
开　　本:210mm×285mm　　印　　张:19.5　　字　　数:275 千字
版　　次:2015 年 1 月第 1 版　　印　　次:2024 年 3 月第 2 次印刷
定　　价:60.00 元

产品编号:057117-02

编写说明

本书适用于经贸、金融、工商管理及其他相关专业本科一、二年级的留学生及高级经贸研修班、商贸文化培训班的留学生，同时也可作为外国商贸公司对华工作人员自学用书。本书可与本系列的其他教材配合使用。

全书共15课，建议使用一学年，学时为每周4课时，每课由导言、课文、生词、注释、练习五部分组成：

导言 概括介绍课文主要内容及相关背景知识，引出话题。

课文 话题包括电子商务、市场营销、跨国经营、文化产业、典当业、广告业、餐饮业、零售业、农业、居民消费等，全面深入地反映了当代中国社会经济生活各个领域的基本情况，在力求题材广泛、风格多样的同时，也注意到了时代感与稳定性的统一。所选课文注重语言技能与商贸知识的有机结合，结构清晰，语言规范，难易程度呈梯度分布，循序渐进，便于学习者学习与模仿。

生词 注有汉语拼音、词性；词语解释本着准确、简洁、实用的原则，能用简单易懂的汉语解释的就用汉语解释，否则配以英文翻译，有些还采用了汉英两种解释，目的是使单词的释义更加易懂，使学习者在对照中对于生词理解得更准确；部分词语标出了近义词和反义词，以帮助学习者举一反三，扩大词汇量。

注释 从教学要求和学习者的难点出发，注重实用性，力求深入浅出，简单明了。注释内容包括有助于课文理解的重要商贸及相关专业词语的讲解和文章中出现的语言现象的讲解，如词语用法讲解（以虚词为主，兼顾实词）、近义词辨析、词汇知识的介绍等。

练习 每课题型均为八种，主观题型与客观题型有机结合，习题量充足，习题结构合理。为适应高层次语言教学的特点，加强了成段表达与语篇训练，以满足教学实际要求（学习专业课及撰写毕业论文），同时也为学习者将来从事与汉语相关的商务工作奠定基础。考虑到教学对象的特殊需要，还安排了一些商贸及相关专业词汇的扩展练习，以迅速高效地扩大词汇量。

编者秉持"以语言为经，以商贸知识为纬"的编写理念，希望通过本书的使用，达到两个目的：一是帮助学习者提高汉语表达的准确度和得体性，进一步培养他们在商务语境中使用汉语进行较深层次交流和与本土商务人士讨论协商问题的能力，同时使他们掌握商贸活动的语体特点，熟悉中国的经济生活背景，了解中国的商务文化；二是帮助学习者在语言技能和专业知识之间架起一个相互交融的平台，使他们学会更多的专业词汇，了解经济学常识和概念，为将来学习经济贸易、金融等专业课扫清语言障碍。

由于条件、水平所限，不妥之处在所难免，欢迎各位专家和读者批评指正。

编者
2014年6月

目录

	编写说明	I
第一课	老字号与中国饮食文化遗产	001
第二课	中国金融改革开放30年	017
第三课	传统企业与电子商务	035
第四课	生活中的行为经济学	053
第五课	中国居民的消费升级	069
第六课	面临挑战的中国农业	085

第七课	经济学家眼中的"好人"与"坏人"	101
第八课	时势造《英雄》，《英雄》造时势	121
第九课	发展中的中国零售业	139
第十课	广告业的机遇与挑战	159
第十一课	选择的成本	179
第十二课	营销经典四例	197
第十三课	中国企业的跨国经营	217
第十四课	拾遗补阙话典当	239
第十五课	四大问题考验中国汽车市场	259
生词总表		279

Lesson 1

老字号是中华优秀传统文化的一部分，其字号本身就是宝贵的无形资产。有些老字号企业发展成绩骄人，如全聚德已成功上市。但由于种种原因，在现代市场经济的冲击下，也有一些老字号的发展陷入困境，呈现衰落趋势。因此，对老字号的保护与开发，是迫切需要解决的问题。

第一课

老字号与中国饮食文化遗产

课文

　　老字号是人们对具有一定历史的老**商号**的**俗称**。有人认为老字号就是老**商铺**、老商店，其实老字号指的不仅是经营时间长，更是商家在长期的经营历史中形成的、被广泛接受的优秀品牌。一个典型的例子是，说起中药商号人们会**自然而然**地想起同仁堂。据不完全统计，在中国的老字号中，超过 1/3 的商铺是经营饮食的，这些饮食老字号经营时间长、分布广，具有一定的代表性。

　　"老字号"属于国家非物质文化**遗产**，**蕴含**着中华民族特有的精神价值、思维方式和想象力，体现着中华民族的生命力和创造力。每一个老字号都有它独特的**创业**史和技艺，都**承载**着城市的记忆，是城市文明的无形资产。随着城市现代化进程的加速，许多地方的老字号正在消失，承载其地域文化的文明也随之消亡。老字号之所以不同于其他企业，是因为它在数百年的发展过程中，积累了独特的**文化内涵**。老字号不仅是一种商贸景观，更是一种传统文化现象。它们蕴含着民族文化和企业的发展历史，是宝贵的民族文化遗产，可以说是无价之宝。

　　一些商号之所以成为老字号，**显而易见**是因为它存在时间久，经过代代相传，已在百姓心中树立起了**招牌**，质量**上乘**，品质有保证，**信誉**很高。老字号之所以生意长久不衰与它的经营**理念**密不可分，其中**恪守诚信**的商业精神是值得大力**弘扬**的。诚信是老字号的发展之本，诚信的对象不仅包括顾客，还包括合作者、员工等。诚信体现在**信守承诺**、严格遵守合作协议、保持产品和服务品质等方面。这种经营理念为老字号**赢得**了广泛的社会**认同**、良好的品牌信誉和持久的市场竞争力，**进而**产生了一定的历史影响。

　　老字号涉及饮食、药业、鞋帽等与市民生活联系紧密的行业，因此，老字号已经融入市民每日的柴米油盐中，关系到衣食住行的方方面面。老字号成为城市和时代的记忆，与城市共同成长。老字号**见证**着城市的兴衰，在悠长的岁月中，这些老字号给城市积累了一笔宝贵的财富，它们已成为城市的一张张名片，与其血肉相连、密不可分。

现今老字号面临的最大挑战是怎样将蕴含的品牌资产创造性地运用到现代市场上，吸引现代消费者，尤其是对老字号印象比较**淡薄**的中青年人，赢得他们的喜欢。

老字号要选准市场，要对消费群体有明确的**定位**。亨得利这个以经营钟表眼镜而名扬各地的老字号始终不倒，根本原因是它给老字号这一无形资产**赋予**了新的内涵。他们通过定位于高档精品赢得了中高档的消费群，欧米茄、天梭、劳力士等时尚的专卖柜，让亨得利这一老字号面对的顾客可**涵盖**老中青各个阶层。

老字号可以**借鉴**宝洁、可口可乐等品牌的经验，经常对消费者的形态进行研究，要转变观念，不要仅仅把眼光停留在产品上，要懂得研究消费者的需求，特别是在消费者越来越**挑剔**的今天，这一点相当重要。

现在的人们，更重视食品的营养，对食品的口味要求也倾向于多样化。这就使得老字号的顾客不断**流失**，并且难以吸引年青一代的顾客，从而造成老字号顾客群体老龄化的局面。来老字号的食客一般有两种：一种是为怀旧而来，这些顾客多是老人；另一种是**慕名**而来。第二种顾客一般很难留住，但其中的一部分人也可能成为老字号的**潜在**顾客。因此，老字号要想吸引顾客就必须以满足顾客口味为**导向**，对自己的产品作出**调整**，以期吸引更多的年轻顾客，变潜在顾客为现实顾客。

与此同时，老字号还要加强服务创新。在现代社会，消费者追求更**舒适**、更自由的生活，人们在消费过程中更注重服务。因此，服务成为人们消费的**核心**，良好的服务才是为顾客创造真正价值的手段。走进麦当劳或肯德基，无论是就餐环境还是服务态度，都让顾客感觉很舒适。而我们的某些老字号与之形成鲜明的对比，服务人员素质不高，服务态度差，这与消费者的生活追求**背道而驰**，怎么能吸引顾客呢？

随着人们生活节奏的不断加快，消费观念不断更新，饮食方式也随之变化，人们追求更**快捷**、方便的饮食。一些有眼光的商家抓住这个有利时机，开发各种方便食品，以适应人们对食品消费结构变化的需求。

开发方便食品需要有好的产品、好的品牌、较高的创新能力，与新兴品牌相比，老字号在这方面具有**得天独厚**的优势。它们自身的品牌具有比较广泛的影响力和号召力，容易被广大消费者认同和接受。一些老字号的实践也证明了老字号利用品牌优势开发方便食品，是开发新的经济增长点的成功之路。

生 词

字号	zì hào	名词	商店的名称，泛指店铺
商号	shāng hào	名词	商店的泛称
俗称	sú chēng	名词	通俗的名称
商铺	shāng pù	名词	泛指商店
自然而然	zì rán ér rán		很自然地
遗产	yí chǎn	名词	前人留下的财富
蕴含	yùn hán	动词	包含
创业	chuàng yè	动词	开创事业
承载	chéng zài	动词	承受
内涵	nèi hán	名词	内容
显而易见	xiǎn ér yì jiàn		很明显
招牌	zhāo pai	名词	挂在商店门口，写有商店名称的牌子
上乘	shàng chéng	形容词	品位高的
信誉	xìn yù	名词	信用和声誉
理念	lǐ niàn	名词	观念
恪守	kè shǒu	动词	严格遵守
诚信	chéng xìn	形容词	诚实，守信用
弘扬	hóng yáng	动词	发扬

信守	xìn shǒu	动词	忠实地遵守
承诺	chéng nuò	名词	答应下来的话
赢得	yíng dé	动词	经过争取而得到
认同	rèn tóng	动词	表示跟别人的认识一致；承认
			近义词：认可
进而	jìn ér	副词	进一步
见证	jiàn zhèng	动词	当场看见可以作证
淡薄	dàn bó	形容词	（感情、兴趣等）不浓厚
定位	dìng wèi	动词	根据一定标准把事物放在一定的位置
赋予	fù yǔ	动词	交给
涵盖	hán gài	动词	包括，覆盖
借鉴	jiè jiàn	动词	拿别的人或事对比，以学习经验教训
挑剔	tiāo ti	动词	故意严格地找毛病
流失	liú shī	动词	离开，失去
慕名	mù míng	动词	佩服别人的名气
潜在	qián zài	形容词	存在于事物内部还没有显现出来的
导向	dǎo xiàng	名词	引导的方向
调整	tiáo zhěng	动词	在原有的基础上做些改变，使更好地发挥作用
			近义词：调节
舒适	shū shì	形容词	轻松、舒服
			近义词：舒服
核心	hé xīn	名词	中心
背道而驰	bèi dào ér chí		两者方向或目标完全相反
快捷	kuài jié	形容词	快速迅捷
得天独厚	dé tiān dú hòu		条件特别好

注 释

一、老字号是人们对**具有**一定历史的老商号的俗称

"具有",指有、存在,近义词"拥有"。两词都是动词,区别在于:

1."具有"多用于抽象事物,比如意义、精神、气概等;"拥有"多用于较重大、宝贵的具体事物,比如大量的土地、人口、财产等。

2."具有"前可以直接加否定词"不";"拥有"前面不能直接加否定词"不"。可以说"不具有",不能说"不拥有"。

例如:

(1)小草具有很强的生命力。

(2)改革开放对中国经济的发展具有重大的历史意义。

(3)你刚才举的例子不具有代表性。

(4)中东拥有丰富的石油资源。

(5)那个国家拥有世界上最先进的武器。

(6)对她来说,离婚就意味着失去现在拥有的一切。

二、**据**不完全统计,在中国老字号中,超过1/3是经营饮食的

"据",介词,意思是按照、依据。后面一般跟动词或主谓结构的短语,常用在一句话的开头作插入语。常用的搭配有"据说、据估计、据报道"等。

例如:

(1)据估计,这个周末本市将迎来今冬的第一场雪。

(2)据报道,北京的地铁12号线下个月将开通。

(3)据教育部统计,今年来华留学生数量将比去年增加10%以上。

(4)据专家研究,今天的普通话在发展过程中吸收了不少方言词。

三、**随着**城市现代化进程的加速

"随着",介词,组成介词结构在句中作状语,表示条件,指出在这种条件下,产生了某种结果。多用在句子开头。

例如:

(1)随着汉语水平的提高,她已经能读中文的专业书了。

(2)随着私人汽车数量的增加,一些城市的环境污染问题越来越严重。

(3)随着讨论的进行,大家对这个问题的看法逐渐深入。

(4)随着时代的发展,越来越多的女性走出家庭,在社会上找到了自己的位置。

四、老字号**之所以**不同于其他企业,**是因为**它在数百年的发展过程中,积累了独特的文化内涵

"之所以……是因为……"构成因果复句,"之所以"引出结果或结论;"是因为"引出原因或理由,这种结构比"因为……所以……"更加强调原因或理由。"之所以"一般放在前一分句的主语和谓语之间,它前边的主语不能省去。

例如:

(1)他之所以得到那么多奖金,是因为他去年完成了一个大项目。

(2)这只手表之所以如此珍贵,是因为它是祖父留给他的遗产。

(3)她的作品之所以这样受欢迎,是因为她讲的故事特别吸引人。

(4)这种产品之所以受到关注,是因为它迎合了人们对健康的需求。

五、其中恪守诚信的商业精神是值得大力**弘扬**的

"弘扬",与"发扬"意思相近。两个词都是动词,都接抽象名词作宾语。区别在于:

"弘扬"着重指扩展、使光大,多用于精神、文化等,如"弘扬中华文化"、"弘扬佛法";"发扬"着重指发展、提倡,多用于作风、传统等,如"发扬民主"、"发扬优良传统"。

例如：

（1）在现代化的今天，应该大力弘扬中华文化。

（2）唐朝的玄奘到印度取经，为的是弘扬佛法。

（3）在运动会上，运动员们发扬了顽强拼搏的精神。

（4）虽然我们国籍不同，肤色不同，但是，我们都发扬了互助、友爱的精神。

六、老字号涉及饮食、药业、鞋帽等与市民生活联系紧密的**行业**

"行业"，与"职业"意思相近，是容易混淆的词。两个词都是名词，都指社会工作。区别如下：

1. "行业"指的是职业的类别，一般指工商业中的类别，如"餐饮行业"、"服务行业"、"建筑行业"等（这样的搭配中，"行业"常省略作"业"），一个行业中可以有很多种职业；"职业"指个人在社会中所从事的作为重要生活来源的工作，如"工人"、"医生"、"职员"、"教师"等。

2. "行业"可组成"行业语"、"行业协会"、"行业自律"等词语；"职业"可以组成"职业女性"、"职业学校"、"职业教育"、"职业病"等词语。

3. "职业"还有"专业的"意思，与"业余"相对，如"职业球队"、"职业运动员"、"职业军人"等。

4. 有时单说"行"，泛指工作，理解成"行业"、"职业"都可以。如"各行各业"、"干一行，爱一行"、"三百六十行，行行出状元"等。

例如：

（1）每个行业都有自己专门的用语，这就是"行业语"。

（2）餐饮行业是投资少、赚钱多的行业之一。

（3）你理想的职业是什么？

（4）小张今年刚从职业学校毕业。

七、与**其**血肉相连、密不可分／承载**其**地域文化的文明也随之消亡

"其"，文言词，主要用作代词。意思是：

1. 表示领属关系，相当于"他（她、它）的"、"他（她、它）们的"。

例如：

（1）这种药品已应用多年，其安全性还是有保证的。

（2）制定这些措施，其目的是保证安全生产。

（3）酒后驾驶车辆造成交通事故，其行为已构成了犯罪。

2. 代替前边出现的人或事，代替"他（她、它）"、"他（她、它）们"。

例如：

（1）由于小王影响了同学们正常的学习秩序，老师对其进行了批评教育。

（2）各国的经济情况都有其自身的特殊性。

（3）既然我们定下了这个目标，就应该努力使其早日实现。

3. 代替远指的指代词，相当于"那"、"那个"、"那样的"。

例如：

（1）有其父必有其子。

（2）警察经过调查，发现确有其事。

八、赢得他们的喜欢／这种经营理念为老字号**赢得**了广泛的社会认同、良好的品牌信誉和持久的市场竞争力

"赢得"，动词，表示经过争取而得到，宾语多为声誉、信任、威信、胜利等抽象事物，有时也用于少量具体事物，如"奖杯"等，句中一般都交代原因，如何赢得。

例如：

（1）积极认真的工作态度，使他赢得了公司领导的信任。

（2）经过不断努力，她终于赢得了最后的胜利。

（3）演员们精彩的表演，赢得了观众一阵阵热烈的掌声。

（4）在那一届冬奥会上，杨扬赢得了两枚金牌，结束了中国在奥运会上金牌为零的历史。

九、从而造成老字号顾客群体老龄化的局面 / 进而产生了一定的历史影响

"进而"与"从而"同为连词,都用于后一小句。区别在于:"进而"强调在原有的基础上继续前进,表示进一步的行动;"从而"相当于"因此就",上文是原因或条件,下文是结果、目的等。

例如:

(1)必须先学好基础课,进而再学习专业课。

(2)新的教材先在两个班试用,进而在全年级推广。

(3)他们改进了生产工艺,从而提高了产品质量。

(4)近几年,交通事业发展迅速,从而为西部开发创造了有利条件。

十、以迎合人们对食品消费结构变化的需求

"以",连词,表示目的,相当于"为了"、"为的是"。连接两个分句,用于后一小句的开头,后面跟动词。多用于书面语。

例如:

(1)我们要开展全民健身运动,以提高人民的健康水平。

(2)我希望有更多的人关心市场经济,以推动这方面工作的开展。

(3)学校决定新建一座食堂,以解决师生用餐难的问题。

(4)必须充分发挥市场机制的作用,以安排更多的下岗失业人员就业。

练 习

一、根据课文内容判断下列句子对错,并在括号内画"√"或"×"。

(　　)1.同仁堂是著名的中药商号。

(　　) 2. 一半以上的老字号是经营饮食的。

(　　) 3. 老字号是中国的文化遗产。

(　　) 4. 有些老字号可能会消失。

(　　) 5. 对老字号来说，诚信非常重要。

(　　) 6. 老字号与人们的日常生活关系紧密。

(　　) 7. 亨得利经营的商品为钟表眼镜。

(　　) 8. 老字号很难吸引年轻的消费者。

(　　) 9. 老字号的服务比麦当劳或肯德基更好。

(　　) 10. 老字号在开发方便食品方面没有优势。

二、给下列句子中画线的词语选择合适的义项。

见证

A. 动词，当场看见可以作证

B. 名词，指作证的人或物

(　　) 1. 卢沟桥畔的石狮，是北京城历史的<u>见证</u>。

(　　) 2. 加拿大人大山来到中国已经十年了，他亲眼<u>见证</u>了中国的发展变化。

(　　) 3. 许多记者去采访他，因为他是这一事件的唯一<u>见证</u>者。

流失

A. 动词，自然界的矿石、土壤自己散失或被水、风力带走，也指河水等白白地流掉

B. 动词，泛指有用的人或东西流散失去

C. 动词，比喻人员离开本地或本单位

(　　) 1. 由于不合理的开发，山区水土<u>流失</u>的情况比较严重。

(　　) 2. 必须要想办法解决人才流失的问题。

(　　) 3. 这件文物在海外流失了多年，现在终于回到了祖国。

导向

A. 动词，使向某个方向发展

B. 动词，引导方向

C. 名词，引导的方向

(　　) 1. 这次会谈将导向两国关系的正常化。

(　　) 2. 火车是靠路轨来导向的。

(　　) 3. 产品结构调整应以市场为导向。

(　　) 4. 报刊、电视等媒体的新闻导向对一般民众的影响很大。

定位

A. 动词，用仪器对物体所在的位置进行测量

B. 动词，把事物放在适当的位置并作出某种评价

(　　) 1. 现在京城的许多出租车都装有卫星定位系统。

(　　) 2. 中国快餐定位于中式快餐，是由中国饮食文化的民族性决定的。

(　　) 3. "长征二号 E"改进型运载火箭用于中、低轨道多星发射及轨道定位，目前已列入研制计划。

(　　) 4. 在城市建设定位时，要注意保持环境效益与经济效益、社会效益的统一。

三、用下列词语填空。

赢得　　潜在　　流失　　得天独厚　　密不可分　　显而易见　　舒适

挑剔　　涵盖　　背道而驰　　无价之宝　　自然而然

1. 这家公司是我们＿＿＿＿＿＿＿的竞争对手。

2. 由于管理中存在的问题，这家公司_____了不少客户。

3. 这里的经济发展不起来，显然与这里落后的交通状况_____。

4. 海南风光秀丽，发展旅游业有着_____的优势。

5. 这场球赛中，球员们水平的提高是_____的。

6. 这个孩子吃饭太_____，鱼也不吃，鸡也不吃。

7. 必须停止现在的做法，因为它与现代企业的经营理念是_____的。

8. 这件拍卖品是明代的文物，可以说是一件_____。

9. 多读几遍，_____就记住了。

10. 电气化的设备使人们的生活更加_____。

11. 她经过自己的努力，_____了众多观众的喜爱。

12. 这部小说的内容_____现代都市生活的各个方面。

四、辨别下列近义词，并选择填空。

行业—职业　　从而—进而　　拥有—具有　　弘扬—发扬

1. 这个项目完成后，他们又_____开展另一个项目。

2. 她终于找到了一个满意的_____。

3. 这家企业不断改进产品设计，_____赢得更多的消费者。

4. 中国_____九百六十万平方公里土地。

5. 这次活动的主题是_____中国传统文化。

6. 他从事建筑_____几十年，不过他不是设计师，只是一个普通工人。

7. 在工作中，他们_____了团结互助的风格。

8. 这部影片的浪漫色彩，对年轻人_____强烈的吸引力。

五、仿照下列句子，用括号里的词语造句。

1. 据不完全统计，在中国老字号中，超过 1/3 是经营饮食的。（据……）

2. 老字号之所以不同于其他企业，是因为它在数百年的发展过程中，积累了独特的文化内涵。（之所以……是因为……）

3. 老字号不仅是一种商贸景观，更是一种传统文化现象。（不仅……更……）

4. 诚信是老字号的发展之本，诚信的对象不仅包括顾客，还包括合作者、员工等。（不仅……还……）

5. 这种经营理念为老字号赢得了广泛的社会认同、良好的品牌信誉和持久的市场竞争力，进而形成了一定的历史影响。（……进而……）

6. 这就使得老字号的顾客不断流失，并且难以吸引年青一代的顾客，从而造成老字号顾客群体老龄化的局面。（……从而……）

7. 走进麦当劳或肯德基，无论是就餐环境还是服务态度，都让顾客感觉很舒适。（无论……还是……都……）

8. 一些有眼光的商家抓住这个有利时机，开发各种方便食品，以迎合人们对食品消费结构变化的需求。（……以……）

六、按照适当顺序排列下面的句子。

1. A. 首先是卫生

   B. 居民对食品的要求

   C. 据有关部门对 300 多户居民的调查表明

   D. 再就是质量和花色品种

2. A. 在国际上广泛应用

   B. 并有继续扩张之势

C. 肯德基、麦当劳在中国的连锁店已分别达到3200家及2000家

D. 连锁经营作为一种新的经营方式

---

3. A. 麦当劳的食品只有18种

B. 如牛肉饼使用100%的本地纯牛肉制成

C. 但是吃起来让人感到放心

D. 它对原料和加工过程有严格的要求

---

4. A. 饮食方式也随之变化

B. 随着人们生活节奏的不断加快

C. 人们更追求快捷、方便的饮食

D. 消费观念不断更新

---

5. A. 变潜在顾客为现实顾客

B. 以期吸引更多的年轻顾客群

C. 老字号要想吸引顾客就必须以满足顾客口味为导向

D. 对其产品作出调整

---

6. A. 其实老字号不仅是指经营时间长

B. 更是商家在长期的经营历史中形成的、被广泛认可的优秀品牌

C. 如说起中药商号人们会自然而然地想起同仁堂

D. 有人认为老字号就是老商铺、老商店

七、综合填空。

中国是发展中国家，传统餐饮不可能在短时期内过渡到现代快餐。__1__经济大大发展了，但是__2__人们对烹饪艺术的追求，一些传统餐饮__3__会继续存在。__4__，传统餐饮与现代快餐__5__要长期并存。传统餐饮__6__与连锁、配送等现代化的经营方式结合起来，__7__会表现出较强的生命力。

A. 只要　B. 由于　C. 因此　D. 仍然　E. 虽然　F. 必然　G. 就

八、 课后做一个小调查，看看你身边有哪些老字号，它们的经营情况怎样，你对于这些老字号有什么建议？选择你认为有价值的内容写一篇小短文，字数在250～300字左右。

参考词语：赢得　潜在　舒适　涵盖　得天独厚　密不可分　显而易见
　　　　　　无价之宝　自然而然

Lesson 2

改革开放 30 多年，中国经济各领域发生了翻天覆地的变化。作为现代市场经济的核心，中国的金融业取得了举世瞩目的成就。30 年来，中国的证券市场不断壮大，银行的服务推陈出新，保险也走进了寻常百姓家。在新的历史时期，金融业将会更好地服务于中国经济社会的发展，更好地满足群众日益增长的金融服务需求。

第二课

中国金融改革开放30年

课文

改革开放30年来,中国经济各领域发生了**翻天覆地**的变化,金融领域也不例外。30年来,中国的证券市场不断壮大,日趋红火;银行的服务**推陈出新**,越来越**周到**;保险走进了**寻常**百姓家,连偏远山村的农民也尝到了保险的**甜头**。

51岁的北京市民陈凡女士9年前在同事的**带动**下走进股市,开始**炒股票**。如今,陈女士也算得上是一个老**股民**了,**关注股市**是她每天的必修课。陈女士说:"每天我从公园锻炼回来以后,就把自己的电脑打开上新浪网,察看当天的股市**行情**。要是觉得股票卖价比较合适的话,在电话上就可以交易了,比较方便。我还打算在网上开通股票交易,在网上交易就更方便了。"

陈女士是中国近一亿股民中的一个。如今,股票行情已经成为中国民众最热议的话题之一。2005年6月到2007年10月间,上证综指从1000点**飙升**至6000点。而仅仅1年后,又从6000点**跌**到2000点。股市的**动荡**在中国引起了**前所未有**的极大关注。陈女士说,现在,在超市,在公园,在公交车上,在餐馆里,到处都能听到人们在议论着股市行情。

然而,让时光倒回30年,当时的中国,知道"股票"是什么的人**为数**很少,了解证券市场的更是**凤毛麟角**。也正是在那个时候,在推行改革开放的背景下,新中国的股市开始**萌芽**。

1984年,中国政府开始允许企业职工投资**入股**,年终**分红**。北京、上海、广东、四川、辽宁等地的部分企业开始股份制**试点**。同年11月,发行量1万股、每股50元的实物股票"飞乐音响"诞生,成为改革开放之后中国发行的第一只股票,当时的股民们亲切地把它称作"小飞乐"。一张50元人民币面值的"小飞乐"股票,还被作为礼物,由中国改革开放的"总设计师"邓小平先生赠送给了当时的纽约证券交易所董事长约翰·凡尔霖先生。

此后,中国证券市场开始了快速发展。20世纪90年代,股民们还只能到拥挤的交易大厅中买卖股票，可用于投资的股票也只有十多只。而今天，在中国设在上海、深圳的两家证券交易所挂牌上市的企业超过 1800 家，证券交易场所**遍及**各个城市，更为**便捷**的电话和网络交易方式普遍被股民使用。

随着证券市场的日益成熟，中国证券市场对外开放的步伐也渐渐加快。**截至** 2006 年年底，中国已全部**履行**了加入世界贸易组织时有关证券市场对外开放的承诺。例如外国证券机构可以直接从事 B 股交易；允许合资公司**从事**国内证券投资基金管理业务等。对外开放推进了中国证券市场的市场化、国际化进程，同时也促进了证券市场的进一步发展壮大。

和证券市场一样，中国金融业中的其他领域也处在改革的进程当中。以银行业为例，30 年来，经济发展和金融需求的变化促使银行努力提供更便利、多样化、个性化的金融产品，银行业的服务性不断提高。中国的银行业也抓住了加入世界贸易组织的机遇，逐步对外**敞**开大门。2007 年，中国正式接受外资银行法人机构从事本外币银行卡业务的申请。同年 4 月，渣打、汇丰、东亚、花旗等 4 家外资法人银行正式**获准**在中国开展金融业务。这些外资银行负责人纷纷表示，希望能为中国客户带来良好的金融服务。英国渣打银行执行总裁冼博德先生说："我们绝不会设立什么**门槛**，而是要针对中国客户不同的需要提供不同的服务产品，这与我们在世界各国的服务是一样的。"

中国的商业银行对外发展的步伐也不断加快。较早开展海外业务的商业银行——中国银行在全球 28 个国家和地区拥有六百多家分支机构，中国工商银行在澳大利亚悉尼的分行已经开业，在卡塔尔多哈和美国纽约设立分行的申请也已经获得批准。中国的银行正在"走出去"，**参与**全球金融业发展。

30 年来，保险作为金融业"三驾马车"之一，从一个**鲜为人知**的名词，逐渐走进了社会经济发展的广泛领域和寻常百姓人家，成为中国社会经济和群众生活中的重要元素。

在城市，市民投保行为已很普遍；在农村，保险也来到了田间地头。这其中，最值得一提的当属政府为农民提供的低**保费**政策性农业保险。目前，这种由政府给予财政补贴的低保费保险已扩展到了我国的各农业大省。

去年六月下**冰雹**，北京大兴区农民刘俊雨家种的西瓜减了不少**收成**，不过由于投了农业保险，刘俊雨获得了5000元人民币的赔付，大大**弥补**了**损失**。"我一亩地不下雹子能收入3000块钱，下雹子以后，保险公司给了我1000块钱。秋后我这一亩地还能拿1500块钱，这么一算，我这一年收成是2500块钱。损失只是500块钱，我很满足了。"

纵观中国金融业近30年的发展，可以说是取得了**举世瞩目**的成就。但专家指出，面对金融业全球化的新趋势和新挑战，整个中国金融业还存在**诸多**的不足，例如银行业贷款集中度过大，不利于分散经营风险；证券公司整体规模偏小，公司治理结构和内部控制机制不完善；保险机构**面临**诚信风险、管理风险、巨灾风险等较多**隐患**。总之，中国金融业的改革仍然**任重道远**。

生 词

翻天覆地	fān tiān fù dì		形容变化很大
推陈出新	tuī chén chū xīn		排除旧的，创出新的
周到	zhōu dào	形容词	各个方面都能照顾到
寻常	xún cháng	形容词	平常
甜头	tián tou	名词	好处
带动	dài dòng	动词	带领，引导着前进
炒	chǎo	动词	进行（外汇、股票等）交易
股票	gǔ piào	名词	股份公司发行的一种有价证券
股民	gǔ mín	名词	进入股票市场，进行股票交易的人
关注	guān zhù	名词	关心，注意
股市	gǔ shì	名词	股票市场
行情	háng qíng	名词	（商品、股票、汇率等的）价格

飙升	biāo shēng	动词	（价格等）上升得非常快
跌	diē	动词	（价格、产量等）下降
动荡	dòng dàng	形容词	（局势、情况）不稳定、不安静
前所未有	qián suǒ wèi yǒu		以前从来没有过
为数	wéi shù	动词	从数量多少上看
凤毛麟角	fèng máo lín jiǎo		比喻珍贵而稀少的人或事物
萌芽	méng yá	动词	（植物）发出新芽，比喻新生事物刚刚出现
入股	rù gǔ	动词	加入股份
分红	fēn hóng	动词	（企业）分配利润
试点	shì diǎn	动词	在全面开展某项工作以前，为了取得经验而在小范围内做试验
遍及	biàn jí	动词	普遍达到
便捷	biàn jié	形容词	方便，快捷
截至	jié zhì	动词	到（某个时候）停止
履行	lǚ xíng	动词	实行（协议、诺言、职责、义务等应做的事）
从事	cóng shì	动词	投身于某项工作或事业
敞	chǎng	动词	张开、打开
获准	huò zhǔn	动词	获得批准
门槛	mén kǎn	名词	门下边高出地面的横木；比喻进入某范围的标准或条件
参与	cān yù	动词	参加
鲜为人知	xiǎn wéi rén zhī		很少有人知道
保费	bǎo fèi	名词	保险的费用
给予	jǐ yǔ	动词	给
补贴	bǔ tiē	名词	从经济上贴补的费用

冰雹	bīng báo	名词	一种天气现象，空中降下的冰块
收成	shōu cheng	名词	农业和副业产品的收获情况
弥补	mí bǔ	动词	补偿，补足
损失	sǔn shī	名词	失去的东西
纵观	zòng guān	动词	纵向地、历史地看
举世瞩目	jǔ shì zhǔ mù		全世界都关注
诸多	zhū duō	形容词	很多
面临	miàn lín	动词	面对
隐患	yǐn huàn	名词	潜在的可能带来严重后果的问题
任重道远	rèn zhòng dào yuǎn		担子沉重，道路遥远。比喻责任重大，需要经过长期的艰苦奋斗

注释

一、51岁的北京市民陈凡女士9年前**在**同事的带动**下**走进股市

"在……下"，表示条件。中间加带定语的名词或双音节动名词短语作状语。用在动词或主语前。

例如：

（1）在这种情况下，大家都加倍努力学习。

（2）在老师的指导下，我终于成功地进入了决赛。

（3）在新厂长的领导下，产品质量有了很大提高。

（4）在异常艰苦的条件下，他们仍然坚持工作。

二、上证综指从1000点飙升至6000点

中国大陆有两所证券交易所——上海证券交易所（Shanghai Stock Exchange）

和深圳证券交易所（Shenzhen Stock Exchange）。上海证券交易所位于上海浦东新区，创立于1990年11月26日，同年12月19日开始正式营业。深圳证券交易所位于深圳罗湖区，成立于1990年12月1日，1991年7月3日正式营业。"上证综指"就是上海证券综合指数，它是上海证券交易所编制的，以上海证券交易所挂牌上市的全部股票为计算范围，以发行量为权数综合计算得来的指数，上证综指反映了上海证券交易市场的总体走势。

三、股市的动荡在中国引起了前所未有的极大**关注**

"关注"，近义词是"关心"。两个词都是动词，区别如下：

"关注"强调特别注意、重视，"关心"除强调重视之外，还有对人或事物爱惜、爱护之意。"关注"多用于书面语，"关心"则可以用于口语。

例如：

（1）记者一直在关注这一事件的发展。

（2）教育问题已经引起全社会的关注。

（3）爷爷非常关心孙女的生活和学习情况。

（4）同学之间应该互相关心，互相帮助。

四、北京、上海、广东、四川、辽宁等地的部分企业开始**股份制**试点

"股份制"（stock system），一种经营形式，指通过发行股票，建立股份公司筹集资金，进行生产和经营，投资人按投入资本的份额参与管理和分配。

五、**由**中国改革开放的"总设计师"邓小平先生赠送给了当时的纽约证券交易所董事长约翰·凡尔霖先生

"由"，介词，介绍出动作的执行者或事物的负责人，共同组成介词短语作状语。

例如：

（1）这次春游活动是由留学生会组织的。

（2）在古代，婚姻问题应该由父母决定。

(3）通常单位重要的工作很少由女性负责。

(4）要想使公司更快地发展，很多事情就得由员工自己去解决。

六、更**为**便捷的电话和网络交易方式普遍被股民使用

"为"，古汉语的常用词，现代汉语中使用也很多，可以作介词、动词和助词等。这句话中，"为"是后缀，用在某些单音节的形容词和副词后，修饰双音节的动词或形容词，可以加强语气。

例如：

(1）老师的话令同学们深为感动。

(2）理发师为她理发时极为仔细。

(3）这里的环境污染问题更为严重。

(4）对于他取得的成绩，同事们大为惊讶。

七、对外开放推进了中国证券市场的市场化、国际化**进程**

"进程"，近义词是"过程"，两个词都是名词，都可以指事物发展变化的经过。区别如下：

1."进程"强调事物向前发展，正在进行之中；"过程"强调事物从开始到完成的经过，用于过去、现在和将来都可以。

2."进程"不能用于人，只能用于比较重大的事物；"过程"可以用于人或各种事物。

例如：

(1）我们要采取有力措施，推进改革进程。

(2）在现代化的进程中，我们不可避免地会遇到各种困难。

(3）刚到一个新单位，需要一个适应的过程。

(4）竞争是一个动态的过程，一个优胜劣汰的过程。

八、中国正式接受外资银行法人机构**从事**本外币银行卡业务的申请

"从事",动词,投身到某些工作或某种事业中,一般用于书面。常用的搭配有"从事……工作"、"从事……活动"等。"从事"前边可以用"长期"、"一直"等表示时间长的词修饰,后边很少带"了"、"着",但可以带时间状语。

例如:

（1）毕业后,他一直在大学从事研究工作。

（2）他是个成功的企业家,业余时间还从事文学创作。

（3）她开朗的性格,与她长期从事的记者工作有关。

（4）从事影视工作十余年来,她塑造了不少令人印象深刻的银幕形象。

九、**参与**全球金融业发展

"参与",近义词是"参加"。两者都为动词,区别如下:

"参与"多用于参加某事的计划、活动,"参加"应用范围更广,无论是具体组织或某项活动,甚至意见、建议等,都能够使用。"参与"多用于书面语,"参加"既用于书面语,也用于口语。

例如:

（1）他很早就参加了律师协会。

（2）会上他没有参加意见,会后却提出了不同看法。

（3）我们希望更多的同学参与这项计划。

（4）我不愿意参与你们的事。

十、**逐渐**走进了社会经济发展的广泛领域和寻常百姓人家/**逐步**对外敞开大门/中国证券市场对外开放的步伐也**渐渐**加快

"逐渐"和"逐步"、"渐渐"是近义词,三者都是副词,在句中作状语,后面跟动词。区别如下:

1."逐步"多指有意识而又有步骤地变化,含有主观因素;"逐渐"、"渐渐"

多指程度或数量自然而然地慢慢增减，一般只能按客观规律变化，主观因素少。

2. "逐步"不能修饰形容词；"逐渐"、"渐渐"可以修饰形容词，形容词后常带"了、起来、下去"等表示动态。

3. "渐渐"可以用于主语前，修饰全句；"逐步"、"逐渐"不行。

例如：

（1）中国将逐步实现建设小康社会的目标。

（2）这家大企业是在一个乡镇小厂的基础上逐步发展起来的。

（3）经过一段时间的探索，她逐步改进了学习方法。

（4）天逐渐/渐渐黑了。

（5）来中国以后，她不注意运动，身体逐渐/渐渐胖起来。

（6）渐渐地，天气暖和起来了。

十一、这种由政府**给予**财政补贴的低保费保险已扩展到了我国的各农业大省

"给予"，动词，意思是给，后面必须带双音节动词作宾语，不能带补语，多用于书面语。

例如：

（1）听说了他的不幸，大家都给予同情。

（2）上级对他们的工作给予了高度的评价。

（3）老师在他遇到困难时给予了热情的鼓励。

（4）要完成这一工作，还需要领导给予支持和指导。

十二、**面对**金融业全球化的新趋势和新挑战／保险机构**面临**诚信风险、管理风险、巨灾风险等较多隐患

"面临"和"面对"是近义词。两个词都是动词，都有对着、面前遇到（问题、形势等）的意思。"面对"和"面临"有时可以互换，但语义侧重点和用法不同。

区别如下:

1."面临"和"面对"都有对着的意思。"面对"侧重指正面、直接地对着,主语和宾语可以是人,也可以是事物;"面临"有在旁边靠近、挨着的意思,只能用于书面语当中,主语和宾语都只能是事物,不能是人。

2."面对"和"面临"都有面前遇到(问题、形势等)的意思,宾语都多为抽象名词,并且常常是困难、危险、竞争等紧急的或很难应付的局面。"面对"强调方位,有事情已经出现、就在面前的意思;"面临"强调趋势,有事情即将发生、就要出现的意思。

例如:

(1)由于经营不善,这家企业面临着倒闭的危险。

(2)马上要毕业了,同学们都面临着找工作的问题。

(3)面对着黑压压的观众,小演员不免有些紧张。

(4)我们要有勇气面对现实,努力克服目前暂时的困难。

(5)经济发展水平同超前老龄化所造成的尖锐矛盾,给中国解决老龄问题带来比别的国家更大的难度。然而,不论面临如何严峻的挑战,中国都须面对这一重大问题。

练 习

一、根据课文内容判断下列句子对错,并在括号内画"√"或"×"。

(　　)1. 银行业的服务种类越来越多,服务越来越好。

(　　)2. 陈女士现在在网上交易股票。

(　　)3. 中国股市的上证综指从1000点涨到6000点用了10个月。

（　　）4. 新中国的证券市场到今天已经有30多年历史了。

（　　）5. 1984年，中国的企业都开始了股份制试点。

（　　）6. 2007年开始，一些外资银行进入中国。

（　　）7. 中国银行是中国唯一一家在国外开展业务的银行。

（　　）8. 30多年前，大部分中国人不了解保险业。

（　　）9. 农业保险给农民带来了好处。

（　　）10. 中国的金融业面对着新的挑战。

二、给下面句子画线的部分选择合适的义项。

带动

A. 动词，由动力牵引而动起来

B. 动词，引导着前进

（　　）1. 这些机器全靠电力<u>带动</u>。

（　　）2. 四匹马<u>带动</u>着马车向前飞驰。

（　　）3. 目前，很多地区都在发展乡镇企业，以<u>带动</u>农村经济发展。

（　　）4. 班长勤奋认真的学习态度，<u>带动</u>了全班同学。

交易

A. 动词，买卖商品

B. 名词，买卖或商品交换活动

C. 名词，把正当的活动当作买卖来做的行为

（　　）1. 他们公司的股票已经上市<u>交易</u>了。

（　　）2. 我绝不会拿友情来做<u>交易</u>。

（　　）3. 这里只做现金<u>交易</u>。

（　　）4. 他们想在展销会上进行<u>交易</u>。

萌芽

A. 动词,(植物)生芽;(比喻)事物刚发生

B. 名词,(比喻)新生的未长成的事物

( ) 1. 明代中叶,中国就已出现了资本主义萌芽。

( ) 2. 一夜之间,柳树就萌芽了。

( ) 3. 他们之间的爱情还处于萌芽状态。

试点

A. 动词,在全面开展某项工作以前,为了取得经验而在小范围内做试验

B. 名词,正式进行某项工作之前,先做小型试验的单位或场所

( ) 1. 这个农场是发展生态农业的试点。

( ) 2. 这个项目可以先在一两个分公司试点,再在各个公司全面展开。

( ) 3. 这项技术没有经过试点就不应该推广。

三、用下列词语填空。

飙升　　动荡　　履行　　纵观　　翻天覆地　　推陈出新　　前所未有

凤毛麟角　　鲜为人知　　举世瞩目　　任重道远

1. 这部优秀的作品在当今的文坛上算得上_____。

2. 他参与拍摄了这么多成功的作品,可他的名字却_____。

3. 这种_____的生活严重损害了他的健康。

4. 作为一名警察,我必须_____自己的职责。

5. 30多年来,中国经济取得了_____的成就。

6. 受到国际市场的影响,最近中国的油价_____。

7. _____世界历史,一些有价值的发明极大地推进了社会的发展。

8. 这家企业_____,不断向市场投入新产品。

9. 改革开放以来,中国社会发生了_____的变化。

10. 面对着种种困难和挑战，中国的改革开放仍_____。

11. 我们学校的代表队在本次比赛中取得了第一名，这是_____的成绩。

四、辨析下列近义词并选词填空。

关心—关注　　进程—过程　　参加—参与

面临—面对　　逐渐—渐渐—逐步

1. 中国农业将_____调整产业结构，以适应现代化的需要。

2. 通过这次比赛，同学们的_____意识更强了。

3. 在实现小康的_____中，保险业发挥着重要作用。

4. 雨_____小了。

5. 她不想_____任何组织。

6. 这一重大外交事件已经引起国际社会的_____。

7. _____地，我习惯了这里的生活。

8. 在激烈的国际商用卫星发射市场，中国航天业_____着严峻的考验。

9. 我们考虑问题要_____现实，不要抱太多的幻想。

10. 公司领导一直很_____员工的生活。

11. 事情的处理_____大家都知道，就不必介绍了。

五、用指定的词语完成句子。

1. 他们制定了严格的管理制度，_____。（从而）

2. 跟其他同学相比，_____。（更为）

3. _____，玛丽的汉语进步很快。（在……下）

4. _____，全球化趋势越来越明显。（纵观）

5. _____，许多同学都报名了。（带动）

6. 小王辞职了，他的工作＿＿＿＿＿＿＿＿＿＿＿＿＿＿。（由）

7. 她打算毕业以后＿＿＿＿＿＿＿＿＿＿＿＿＿＿。（从事）

8. 在别人遇到困难时，＿＿＿＿＿＿＿＿＿＿＿＿＿。（给予）

9. ＿＿＿＿＿＿＿＿＿＿＿＿＿＿＿，他们已经完成了全年的销售任务。（截至）

六、仿照下列句子，用括号里的词语造句。

1. 改革开放30年来，中国经济各领域发生了翻天覆地的变化，金融领域也不例外。（……也不例外）

2. 保险走进了寻常百姓家，连偏远山村的农民也尝到了保险的甜头。（连……也……）

3. 要是觉得股票卖价比较合适的话，在电话上就可以交易了，比较方便。（要是……就……）

4. 对外开放推进了中国证券市场的市场化、国际化进程，同时也促进了证券市场的进一步发展壮大。（……同时也……）

5. 以银行业为例，30年来，经济发展和金融需求的变化促使银行努力提供更便利、多样化、个性化的金融产品，银行业的服务性不断提高。（以……为例）

6. 我们绝不会设立什么门槛，而是要针对中国客户不同的需要提供不同的服务产品。（……而是……）

七、按照适当顺序排列下面句子。

1. A. 从一个鲜为人知的名词

   B. 逐渐走进了社会经济发展的广泛领域和寻常百姓人家

   C. 成为中国社会经济和群众生活中的重要元素

   D. 保险作为金融业三驾马车之一

2. A. 中国保险业将在开放中取得更大发展
   B. 只要采取措施
   C. 不断提高保险企业的竞争力
   D. 中国的政治、经济环境为保险业的发展提供了有利条件

   _____

3. A. 还处在打价格战的低层次竞争水平上
   B. 国内的保险公司还不成熟
   C. 但是业务质量和管理水平较低
   D. 虽然市场份额较大

   _____

4. A. 更成为我国保险业提高国际竞争力的有利时机
   B. 我国保险业加入世界贸易组织后的全面开放
   C. 特别是全球保险业面临的重大调整和变革
   D. 给保险业提供了很好的发展机遇

   _____

5. A. 将会增强自身的竞争力
   B. 保险公司依靠网络开展营销
   C. 随着网络的逐步普及
   D. 出现了网络保险

   _____

6. A. 这其中,最值得一提的当属政府为农民提供的低保费政策性农业保险
   B. 目前,这种由政府给予财政补贴的低保费保险已扩展到了各农业大省
   C. 在城市,市民投保行为已很普遍
   D. 在农村,保险也来到了田间地头

   _____

八、根据以下提示写一篇小文章（250～300字）。

1. 金融业在社会生活中的地位和作用。
2. 中国金融业的现状。
3. 介绍一下你们国家金融业的基本情况。

参考词语：纵观　从而　更为　有待　给予　前所未有　举世瞩目
　　　　　　鲜为人知　凤毛麟角　任重道远

Lesson 3

目前,越来越多的传统企业认为,以网络化、知识管理、全球化为主要特征的新经济已是不可逆转的趋势,电子商务化已成为企业发展的必由之路。电子商务是大势所趋,只要是面向市场的企业,都应当具备做电子商务的基础。文章还具体介绍了传统企业电子商务化的步骤与途径。

第三课

传统企业与电子商务

课文

目前，越来越多的传统企业认为，以网络化、知识管理、全球化为主要特征的新经济已是不可**逆转**的趋势，**电子商务**化已成为企业发展的**必由之路**。传统企业在电子商务化过程中，要分析自己产品的生命周期、自己的竞争能力，并且清楚自己距离电子商务有多远，这样才能更好地实现电子商务化。不要以为企业电子商务化后就能解决所有问题，一定要有选择地去做。

传统企业电子商务化趋势不可逆转

许多传统企业在电子商务化过程中存在一些**误区**：有的以为电子商务就是电子交易，即建一个**网站**卖自己的产品；有的甚至以为电子商务只是建一个**网页**，**做做宣传**而已。其实企业电子商务强调的是在网络环境下的商业化**运作**，这不仅仅是一种**单纯**的交易，而是把买家、卖家、厂商和合作伙伴通过互联网、企业内部网和企业外部网全面联系起来的一种商业行为。简单地说，电子商务就是利用全球化的互联网进行商业活动，它不是单纯的技术问题，而是一次新的经济革命，**预示**着新的经济增长方式的出现。

电子商务不仅包括商务和服务的网上交易，还**涉及**从"供"到"需"的整个社会生产的各个**环节**。电子商务不但可以降低经营成本，加速资金**周转**，改善管理服务水平，还可以提高企业的市场适应能力。此外，电子商务还包括企业内部的商务活动，如生产、管理、财务以及企业间的商务往来。

中国电子商务的发展如果没有传统企业的**加盟**，电子商务热就只能停留在纸面上。传统企业应真正**意识**到电子商务的重要性，明白电子商务是**大势所趋**，如果不加入就会很快被市场**淘汰**。只有大型的传统企业加入到电子商务中来，电子商务才真正有意义。

传统企业距离电子商务有多远

目前,中国的很多企业都在搞电子商务,那么这些企业是否**具备**电子商务的基础呢?中国的企业无论什么经济形态,只要是面向市场的企业,都应当具备做电子商务的基础。国内的一些企业做电子商务更多是投资建设一个网站,与自己的主营业务结合起来。这跟国外一些大的企业进行电子商务化还不一样,例如国际三大跨国汽车公司就联合上网**采购**、**配送**和销售,他们开展电子商务活动的最大目的是节省费用,增加收入,并不像有些国内企业是为了引起大家注意,**免得**被别人看作是**落伍**者。

传统企业并不是都要马上实现电子商务化,电子商务好比一条高速公路,并不是所有的"汽车"都适合在这上面"**行驶**"。在这方面**咨询**公司可以做两件事,一是帮助传统企业具备在高速公路上"行驶"的条件;二是帮助传统企业在高速公路上跑得更快,了解各种"交通规则",也就是让企业能更好地适应不断变化的环境,具有创新和变革的能力。

传统企业如何实现电子商务化

传统企业要实现电子商务化,首先要在企业内部形成**共识**,特别是要得到决策者的支持,这是企业进行电子商务化的关键;其次是企业要有一定的计算机软硬件条件,具备相对**完善**的网络系统,这是企业进行电子商务化的前提;最后要看企业的外部环境,比如作为制造业来讲,就是上下游企业能不能**配合**企业的电子商务化,如果他们不认同的话,即使单独搞出来了,发挥的作用也不会太大。

一般来讲,企业进入互联网的第一步,是建立网站介绍自己的产品和服务。进入互联网的第二步,是允许网站访问者与公司之间产生互动,即通过**实时**通信、网上聊天室、信息公告牌等形式实现信息的互相交流。接下来可以在互联网上**设计**公司产品的目录,并且允许网上订货和支付。更进一步将会涉及与企业后台业务的**整合**,特别是要实现与企业资源计划系统(Enterprise Resource Planning,

ERP)的连接。

企业进入网络经济的最高阶段是与创新紧密相连的。这预示着企业已经进入全面网络经济的时代。企业利用已知的或全新的电子商务**模式**来联系客户，同时也对企业自身进行全面的**重组**，产生高度专业化及网络化的虚拟企业。

传统企业电子商务化有三种途径。企业实现电子商务化既可以从一个阶段向另一阶段做**循序渐进**式的前进，也可以沿着发展的道路跳跃前进。因为网络经济**优化**了业务**流程**，选择跳跃前进是**切实可行**的。第三种，也许是最困难的方法，是直接进入网络经济。这种**方案**虽然成本最高，但确实能使企业处于行业领先的地位，并**确保**企业在竞争中取得优势。这三种方法都是可行的，企业可以根据自身能力、理念和客观需要作出选择。

生 词

逆转	nì zhuǎn	动词	向相反的或坏的方向变化
电子商务	diàn zǐ shāng wù		利用互联网进行的商务活动，electronic commerce
必由之路	bì yóu zhī lù		必定要经过的道路
误区	wù qū	名词	较长时间形成的某种错误认识或错误做法
网站	wǎng zhàn	名词	某个企业、组织或个人在互联网上的虚拟站点，一般由一个主页和许多网页构成
网页	wǎng yè	名词	指在互联网上进行信息查询的信息页，web page

宣传	xuān chuán	动词	对群众说明讲解,使群众相信并跟着行动
而已	ér yǐ	助词	加强语气,相当于"罢了"
运作	yùn zuò	动词	(组织、机构等)进行工作;开展活动
单纯	dān chún	副词	单一,只注意
预示	yù shì	动词	在事情发生之前显出来
涉及	shè jí	动词	关联到
环节	huán jié	名词	互相关联着的许多事物中的一个,link;sector
周转	zhōu zhuǎn	动词	企业的资金从投入生产到销售产品而收回货币,再投入生产,这个过程一次又一次地重复进行,叫作周转
加盟	jiā méng	动词	加入某个组织或团体
意识	yì shí	动词	根据某种迹象感觉到(常与"到"字连用)
大势所趋	dà shì suǒ qū		整个事情发展的趋势,trend of the times
淘汰	táo tài	动词	去掉坏的,留下好的;去掉不合适的,留下合适的
具备	jù bèi	动词	有,具有
采购	cǎi gòu	动词	选择购买(多指为机关或企业)
配送	pèi sòng	动词	一种营销方式,把某一类货物搭配好并负责运送,distribution delivery
免得	miǎn de	连词	避免出现(某种不希望的情况),so as not to
落伍	luò wǔ	动词	人或事物跟不上时代
行驶	xíng shǐ	动词	(车、船)行走

咨询	zī xún	动词	征求意见
共识	gòng shí	名词	共同的认识
完善	wán shàn	动词	使变好
配合	pèi hé	动词	共同承担某一任务的各方通过分工合作来开展工作
实时	shí shí	副词	在某事发生、发展过程中的同一时间，live;real-time
设计	shè jì	动词	在正式做某项工作前，根据一定的目的要求，先制定方法、图样等
整合	zhěng hé	动词	通过整顿重新组合
模式	mó shì	名词	某种实物的标准形式或使人可以照着做的标准样式，pattern ; model
重组	chóng zǔ	动词	重新组合
循序渐进	xún xù jiàn jìn		（学习、工作）按照一定的步骤慢慢深入或提高
优化	yōu huà	动词	加以改变或选择使变好
流程	liú chéng	名词	工业品生产的程序，technological process
切实	qiè shí	形容词	实实在在，down-to-earth ; practical
可行	kě xíng	形容词	可以实行的
方案	fāng àn	名词	工作的计划
确保	què bǎo	动词	一定要保证，ensure ; guarantee

注 释

一、**以**网络化、知识管理、全球化**为**主要特征的新经济已是不可逆转的趋势

介词"以"和动词"为"搭配构成"以……为……"格式。这是一个来自古汉语的格式,现在常用于书面语。有两种用法:

1. 相当于"把……当作(作为)……"。

例如:

(1)王教授以《入世后的保险业》为题作了一次学术讲座。

(2)他不喜欢现在的工作,常以身体不好为由不去上班。

(3)汉语普通话是以北京音为标准音的。

(4)20世纪80年代,以肯德基和麦当劳为代表的西式快餐开始进入中国。

2. 相当于"要数"、"要算",表示比较起来怎么样。"为"后多是形容词。

例如:

(5)中国省一级的行政区划中以新疆维吾尔自治区的面积为最大。

(6)来华留学生以韩国学生数量为最多。

二、越来越多的传统企业**认为**/不要**以为**企业电子商务化后就能解决所有问题

"以为"和"认为"是近义词,两个词都是动词,都可指对人或事物作出判断,表明自己的看法或态度。区别如下:

1."认为"指经过分析思考后作出的判断,语气比较肯定;"以为"表示对某种事物的主观判断,有时候不一定是对的,语气不太肯定,比较随便。

2."认为"的对象可以是重大的或科学性很强的事物,也可以是一般的小事,动作发出者可以是人,也可以是某一团体、文章或会议等;"以为"的对象多为

一般事物，动作的发出者常常是个人。

3．"认为"可以用于"被"字句，构成"被……认为……"、"被认为"；"以为"前面不能用"被"，只能用"让"，构成"让……认为……"。

例如：

（1）文章认为电子商务化是必然的趋势。

（2）听录音被认为是学外语的一个好方法。

（3）我以为他不想去，其实他一直在等这个机会。

（4）小张以为这个工作完成得很好，没想到被主任批评了一顿。

三、有的企业甚至认为只是建一个网页，做一做宣传**而已**

"而已"，助词，表示"不过如此"，有把事情往小里说的意思。只能用在陈述句的末尾。前面常有"只"、"不过"、"仅仅"、"无非"等词与之呼应。多用于书面，口语用"罢了"。

例如：

（1）我只是跟你开个玩笑而已，你可别生气啊。

（2）他在公司里仅仅是一般职员而已，帮不了你的忙。

（3）小王的文章也不错，只不过比你的短一点而已。

（4）这次去西安，无非是去看看而已，不会久留。

四、中国的企业无论什么经济**形态**

"形态"，近义词为"形状"。两个词都是名词，都表示事物的外表。区别为："形态"可以指抽象事物的表现（这时一定带修饰成分，如意识形态、观念形态、文化形态、经济形态等），也可以指生物体外部的形状和神情；"形状"指的是物体或图形由外部的面或线条组成的外表。

例如：

（1）这些布娃娃形态逼真，非常惹人喜爱。

（2）胡同和四合院，是北京市民的居住方式，也是北京市民的文化形态。

（3）意识形态是在一定经济基础上形成的人对于世界和社会的有系统的看法和见解。

（4）你买的桌子是什么形状的？圆的还是方的？

（5）这座山的形状像一个笔架，所以被称作"笔架山"。

五、他们进行电子商务的最大目的是**节省**费用

"节省"，动词，使可能被消耗的不被消耗或少消耗。近义词是"节约"。两个词都是动词。区别如下：

1."节省"多用于比较具体的事物和比较小的范围；"节约"多用于比较大的范围或对象。

2."节约"可以带动词宾语，"节省"不行。

例如：

（1）为了节约／节省时间，他平时很少看电视。

（2）开这种汽车可以节省汽油。

（3）为了节约能源，有些国家采用了"夏时制"。

（4）我们要节约用水。

六、**免得**被别人看作是落伍者

"免得"，连词，用在复句后一个分句的开头，主语往往承前省略。表示按前一分句说的去做，就能避免发生某种不希望发生的情况。

例如：

（1）下雪天你最好早点儿走，免得路上堵车。

（2）企业员工应该常给自己"充充电"，免得在竞争中被淘汰。

（3）写完报告以后多检查两遍，免得出错。

（4）你的手机不要关，免得有事找你时联系不上。

七、**具有**创新和变革的能力 / 只要是面向市场的企业，都应当**具备**做电子商务的基础

"具备"和"具有"为近义词，两个词都为动词，都是"有"的意思。区别如下：

1. "具备"含有完备、齐备的意思，即应该有的都有，常与比较具体的可以有多项内容的条件、资格、能力、素质、性能等词搭配。"具有"只表示存在，除用于具体事物外，还用于意义、价值、作用、信心、风格、品质、本领等抽象事物，适用范围比"具备"大。用"具备"的地方，一般可以换成"具有"，但语义略有不同。

2. "具备"后边的名词前可以用"完全、初步、基本"表示范围的词修饰；"具有"后边的名词前常用"很大、明显、很高、很强"等表示程度的词修饰。

例如：

（1）他完全具备了一名优秀律师应有的素质。

（2）目前我们公司已初步具备了上市的条件。

（3）这种疾病具有很强的传染性。

（4）在竞争中，大企业具有明显优势。

八、**一般来讲**，企业进入互联网的第一步，是建立网站介绍自己的产品和服务

"一般来讲"，插入语，强调事物在普通条件下的特点和情况，多用于总结和概括。也可以说成"一般来说"、"一般说来"。

例如：

（1）一般来讲，经常运动的人不容易生病。

（2）同老年人相比，一般来讲，青年人更喜欢贷款买车。

（3）一般说来，普通消费者还是喜欢购买国产彩电。

（4）一般来说，女性的语言能力比男性强。

九、更进一步将会涉及到与企业后台业务的整合，特别是要实现与企业资源计划系统（ERP）的连接

"计划"，作为名词，指工作或行动前制定的具体内容和步骤；作为动词，指制定工作内容或行动步骤。近义词是"规划"。"规划"，作为名词，指长远的发展计划；作为动词，指做长远的发展计划。区别如下：

1. "计划"可以用于比较重大的事情，也可以用于个人的一般的事；"规划"只能用于比较大的建筑项目、事业的长远发展等，不能用于个人。

2. "计划"只能带动词宾语，不能带名词宾语；"规划"可以带名词或动词作宾语。

3. "计划"常和"工作、行动"等词搭配，还可以构成"计划经济"一词；"规划"常与"长远、城市、发展"等词搭配。

例如：

（1）这是我们的销售计划。
（2）我们计划下个星期召开一次研讨会。
（3）代表们认真讨论了城市发展规划。
（4）市政府召开会议，规划了几项重点市政工程。

十、产生高度专业化及网络化的虚拟企业

"虚拟企业"，这一概念最早出现于美国里海（Lehigh）大学艾科卡（Iacocca）研究所三位学者普瑞斯、戈德曼和内格尔的名为《21世纪制造企业研究：一个工业主导的观点》的报告中。一般认为，虚拟企业是一些独立的厂商、顾客，甚至竞争对手，以商业机遇中的项目、产品或服务为中心，充分利用各自的核心能力，以合作协议、外包、战略联盟、特许经营或许可，甚至成立合资企业的方式所构建的以营利为目的的、动态的、网络性的经济组织。虚拟企业区别于传统企业最明显的特征，首先是其特有的适应性和灵活性；其次，虚拟企业是以产品或项目为导向的，协调各成员方对资源的合理使用成为虚拟企业管理的重点之一；最后，

虚拟企业的成员可能跨越不同的地域、时区等，这就使得虚拟企业对信息及通信技术提出了较高的要求。

十一、这三种方法都是**可行**的

"可行"，形容词，意思是行得通，可以实行。"可"是一个构词能力比较强的语素，可以像词缀一样出现在其他语素的前面，位置相对固定，但又不像词缀（如老、阿、第、初、子、头、儿等）那样虚化，意义还比较实在。类似的语素还有"再"、"反"、"非"、"见"、"者"、"家"、"师"等。语言学界倾向于把这些语素都看作是一类特殊的词根，是构词能力较强、位置相对固定的语素。

1. "可"放在动词前面，表示可以、值得的意思，有肯定的语气。

例如：

可爱 可气 可恨 可耻 可悲 可恶 可怜 可怕 可笑 可惜 可喜
可憎 可行 可靠 可取 可见 可观

这些词一般是形容词，如"可爱"、"可气"等，也有的既是形容词，又是动词，如"可怜"。

2. "可"放在名词前，表示适合。

例如：

可口 可意 可身 可体

练习

一、根据课文内容判断下列句子对错，并在括号内画"√"或"×"。

（　　）1. 电子商务就是通过互联网宣传自己的产品。

（　　）2. 电子商务涉及了供需方面的各个环节。

(　　) 3. 参与电子商务的只有买家和卖家。

(　　) 4. 传统企业加入电子商务有利于企业的发展。

(　　) 5. 只有大型企业才可以加入电子商务。

(　　) 6. 目前中国国内企业做电子商务的目的是为了节省费用，增加收入。

(　　) 7. 所有传统企业应该立刻实现电子商务化。

(　　) 8. 网上定货和支付，是传统企业进入互联网首先要做的事。

(　　) 9. 虚拟企业是高度专业化和网络化的企业。

(　　) 10. 选择跳跃前进的途径实现电子商务化是最困难的方法。

二、熟读并理解下列词语。

网站　　网页　　网址　　网吧　　网游

网迷　　网友　　网民　　网虫　　上网

互联网　　万维网　　网络化　　网络语言　　网络平台

网上交易　　网络环境　　网络系统　　网络经济

三、给下面句子中画线的部分选择合适的义项。

单纯

A. 形容词，简单，不复杂

B. 副词，单一，只注意

(　　) 1. 这个女孩子思想很单纯。

(　　) 2. 如果单纯追求数量而不顾质量，我们会失去顾客。

(　　) 3. 这件事并不像你想的那么单纯。

(　　) 4. 劳动力多也是优势，不能单纯看作是负担。

意识

A. 名词，人的感觉、思维等心理过程的总和

B. 动词，根据某种迹象而感觉到

（　　）1. 他开始就意识到了这件事的重要性。

（　　）2. 我们一定要树立竞争意识。

（　　）3. 我忽然意识到自己说错了。

（　　）4. 经过抢救，病人的意识渐渐恢复了。

高度

A. 名词，高低的程度

B. 形容词，程度很高的

（　　）1. 这座楼的高度是209米。

（　　）2. 在会上，领导高度评价了他的研究成果。

（　　）3. 环境污染问题已经引起了全社会的高度重视。

（　　）4. 在植树活动中，大家表现出高度的劳动热情。

认同

A. 动词，认为跟自己有共同之处而感到亲切

B. 动词，承认，认可

（　　）1. 对这一成果，专家们表示认同。

（　　）2. 来民族园参观的各族游客都有一种强烈的民族认同感。

（　　）3. 他们的这种做法，得到了大多数人的认同。

（　　）3. 有政府的支持，有群众的认同，古城的保护工作一定会搞好。

设计

A. 动词，在正式做某项工作前，预先制定方法、图样等

B. 名词，在正式做某项工作前，预先制定的方法、图样等

（　　）1. 这本杂志封面的设计很有特点。

（　　）2. 公司总经理亲自参与设计了这一方案。

（　　）3. 客厅是根据女主人的设计来布置的。

（　　）4. 王工程师只用五天时间就设计出了这项工程的图纸。

四、选词填空。

加盟　宣传　确保　预示　免得　循序渐进　涉及

咨询　优化　淘汰　大势所趋

1. 企业为了_____新产品，投入了大量的广告费。

2. 这种型号的产品由于销路不好，已经被_____。

3. 我们将进一步开放国内市场，_____投资与贸易环境。

4. 厂长在讲话中_____了提高产品质量的问题。

5. 我们向法律专家_____了有关的问题。

6. 必须采取一切措施，_____按时完成计划。

7. 互联网的迅速发展，_____着网络化时代的到来。

8. 以绿色环保的新能源取代传统能源是_____。

9. 由于著名球星_____，本队实力大大增强。

10. 发展经济必须_____，不能急于求成。

11. 你的字写得清楚点儿，_____别人看不懂。

五、辨析下列近义词并选词填空。

认为—以为　形状—形态　具备—具有　节省—节约　规划—计划

1. 经过培训，她基本_____了医务工作者的素质。

2. 这种新产品_____很高的科技含量。

3. 他用平时_____下来的生活费买书。

4. 请注意_____用电。

5. 他们_____每个办公室再安装一台电脑。

6. 这位专家曾经_____过几项重要的水利工程。

7. 我喜欢这个手机的_____,可是对它的颜色不太满意。

8. 社会意识_____包括政治、法律、哲学、道德,等等。

9. 我_____十点出发没问题,没想到路上堵车,结果晚了半个小时。

10. 会议_____国有企业改革是大势所趋,势在必行。

六、仿照下列句子,用括号里的词语造句。

1. 越来越多的传统企业认为,以网络化、知识管理、全球化为主要特征的新经济已是不可逆转的趋势。(以……为……)

2. 有的甚至以为电子商务只是建一个网页,做一做宣传而已。(……而已)

3. 它不是单纯的技术问题,而是一次新的经济革命,预示着新的经济增长方式的出现。(不是……而是……)

4. 电子商务不仅包括商务和服务的网上交易,还涉及从"供"到"需"的整个社会生产的各个环节。(不仅……还……)

5. 中国电子商务的发展如果没有传统企业的加盟,电子商务热只能停留在纸面上。(如果……)

6. 只有大型的传统企业进入到电子商务中来,电子商务才真正有意义。(只有……才……)

7. 中国的企业无论什么经济形态,只要是面向市场的企业,都应当具备做电子商务的基础。(无论……只要……都……)

8. 一般来讲,企业进入互联网的第一步,是建立网站介绍自己的产品和服务。(一般来讲……)

七、按照适当顺序排列下面句子。

1. A. 并且清楚自己距离电子商务有多远
   B. 要分析自己产品的生命周期、自己的竞争能力
   C. 传统企业电子商务化过程中
   D. 这样企业才能更好地实现电子商务化

   _____

2. A. 只好大量进货
   B. 传统的经营者为了压低进货成本
   C. 而且商品的存放、盘点也需要很大的库容和人力
   D. 这不仅会带来相当大的资金压力和经营风险

   _____

3. A. 因为用户既可以通过网络付款
   B. 网上电子商场是最佳的选择
   C. 也可以通过网络来下载所购的物品
   D. 对于计算机软件、电子图书等方面的经营者来说

   _____

4. A. 一条狗能在百米之外认出你来
   B. 但正如一位专家所指出的那样
   C. 而电脑却连你在它身边都不知道
   D. 尽管今天电脑的功能已经使我们大为惊叹了

   _____

5. A. 那么社区电子商务却是在服务于普通的市民
   B. 这种服务一方面给市民日常购物带来方便
   C. 如果说电子商城的开设更多是服务于企业的话
   D. 另一方面通过社区组织有可能解决电子商务面对的信用评估、安全支

付等问题

6. A. 电子商务就是利用全球化的互联网络进行商业活动

   B. 预示着新的经济增长方式的出现

   C. 而是一次新的经济革命

   D. 它不是单纯的技术问题

八、根据以下提示，写一篇关于电子商务的小文章（300字左右）。

1. 什么是电子商务？
2. 电子商务包括哪些内容？
3. 企业怎样才能电子商务化？

Lesson 4

为什么我们的很多决策常常"自欺欺人"？为什么不要送别人昂贵的日用品而要送廉价的奢侈品？为什么推销员会把产品的缺点一次性说完却要像挤牙膏一样说出它的优点？为什么人们爱跟风？为什么"拖延症"越来越流行？为什么很多炒股者买涨不买跌？分析人们的日常经济行为，可以让我们看到普遍存在的非理性思维的根源。

第四课

生活中的行为经济学

小概率还是大概率

"杞人忧天"虽已经成为历史笑谈,但现实生活中,各种**版本**的"杞人忧天"事件仍然在继续上演着,比如,人们对飞机安全性的**担忧**。尤其在2009年1月全球连续发生两起重大航空事故之后,人们对乘飞机旅行安全性的怀疑,又一次被放大。事实是,虽然确实发生了令人**痛惜**的重大事故,但是,相较于其他交通工具来说,飞机的安全性是**毋庸置疑**的:据统计,飞机飞行造成多人伤亡事故的概率约为三百万分之一。也就是说,你每天坐一次飞机,飞上8200年,才有可能会不幸遇到一次飞行事故。每一亿公里的旅行长度上,火车的死亡人数为1.96人,公路是6.6人,小汽车和出租车更是高达58.08人,而飞机在安全记录最糟糕的年份仅为0.44人,大大低于其他交通工具。也就是说,飞机毫无疑问仍然是世界上现有交通工具中最安全的,担心乘飞机旅行会**失事**的心理完全是现代版的"杞人忧天"。

现代版的"杞人"会"忧天",而在买**彩票**等很多问题上,又表现出"**难能可贵**"的"**乐天**"。据统计,截至2009年底,中国的**彩民**数量已经达到了3亿左右,有些彩民甚至或多或少地出现了与**博彩**相关的心理问题。"用**膝盖**想想"都知道买彩票是赔多赚少,彩票中大奖的概率低到了几百万分之一甚至几千万分之一。

可是,广大彩民对此却**浑然**不觉,几乎每个人都在幻想着明天中头奖的就是自己,那几百万分之一的概率对自己来说就是几十分之一甚至几分之一。针对彩票大奖获得者的调查显示,这些获奖者中,有75%的人认为自己还能再获得大奖!

这种现象,当然不能单纯用"人心不足蛇吞象"的**贪婪**心理来解释,但是,人们在彩票问题上的"乐天"由此**可见一斑**。

针对以上现象,行为经济学家的解释是:人们往往会高估低概率事件的发生概率,也就是给小概率事件一个大**权重**——即使人们知道这些事件发生的实际概率，他们赋予该事件的"心理权重"也会大大高于这个实际概率。正如一位行为经济学家所说："人们对于概率是如此**迟钝**，以至于一百万分之一和一百分之一在他们看来都没有什么区别。"

你是怎么被说服的？

几乎每个人都有这样的经历：时不时地，有些你从不认识的推销员敲响你的家门，向你推销一件你几乎永远都用不到的商品。一开始，你对这件商品根本不感兴趣，但是，随着推销员的"**循循善诱**"，你渐渐觉得："这玩意儿还真不错，我以后可能会经常用得着，这价格也很**划算**"，终于，你掏腰包把这件商品买下。接下来的几天里，你可能因为新鲜感还用一用这件商品，没过几天，你就会开始**懊恼**："为什么我会听那推销员的话，买了这么一件没用的东西！"

不管是推销员，还是各种媒体广告，总是能够在不**经意**间改变消费者对商品原有的看法，这种由于外在的**诱导**作用而**导致**人们看法改变的过程就是"说服"。

那么，说服究竟是如何起作用的呢？行为经济学家通过研究，给出了说服起作用的两种途径：中心**途径**和外周途径。

人们在某种**动机**的引导下，有能力对问题采取全面而系统的思考时，更容易被中心途径所说服。现实生活中，中心途径说服的**典型**例子就是论文。所有的论文作者都希望自己的论文具有更强的说服力，因此，他们不仅要提出鲜明的论点，而且要提供有说服力的**论据**和令人信服的**论证**过程。当读者接受论文的论点时，他就通过"中心途径"被说服了。

日常的经济生活中，中心途径说服人的例子也有很多，一些电视直销广告就常常采用这种手段。为了表明自己产品的性能，这些厂商往往要**长篇累牍**地介绍自己产品的作用，还往往请一些用过产品的消费者**现身说法**。这种做法就是使用了说服的中心途径。

与说服的中心途径不同，说服的外周途径不是通过令人信服的论据，而是通过一些**直观**的、**清晰**易懂的表达方式来进行说服。说服的外周途径一般在被说服者不具有系统分析能力的时候起作用。让一个人来读他完全不懂的专业领域的文章，他就无法判断这篇文章的论证过程正确与否。于是，他是否接受该文论点在很大程度上**取决**于这篇文章的行文**流畅**程度和**修辞**水平。比如，"不要把鸡蛋放在一个篮子里"就要比"你必须**分散**你的投资以避免风险"更容易让人接受。

在一些论点无法通过中心途径进行说服的时候，说服者也会采取外周途径进行说服。百事可乐就是采用外周途径对消费者进行说服的典型例子。百事可乐广告中有很多充满活力的球星，消费者清楚地知道，这些球星的**英姿**跟百事可乐的味道好坏没有任何联系。也就是说，消费者不会相信球星们之所以具备这样的**魅力**是因为他们喝了百事可乐，也没有任何信息告诉消费者百事可乐有什么特别的好处，即百事可乐的广告不可能通过中心途径产生效果。但是不可**否认**，百事的明星广告确实让消费者更多地购买它的产品，这就是外周途径的说服起了作用，即百事可乐的广告让人们产生一种直观的感觉：百事可乐看起来不错！于是消费者选择购买它，而不考虑它是否有什么实际的好处。

生词

概率	gài lǜ	名词	某种事物在同一条件下发生的可能性大小的量
杞人忧天	qǐ rén yōu tiān		为不必要的事情而担心
版本	bǎn běn	名词	同一部作品的不同本子
担忧	dān yōu	动词	担心
痛惜	tòng xī	动词	沉痛地惋惜
毋庸置疑	wú yōng zhì yí		不用怀疑
失事	shī shì	动词	发生意外的不幸事故
彩票	cǎi piào	名词	按特定规则取得中奖权利的凭证

难能可贵	nán néng kě guì		做到一般人或一般情况下不易或不能做到的事，值得重视
乐天	lè tiān	形容词	乐观
彩民	cǎi mín	名词	定期购买彩票的人
博彩	bó cǎi	名词	指赌博、摸彩、抽奖一类的活动
膝盖	xī gài	名词	大腿和小腿相连的关节的前部
浑然	hún rán	副词	完全
贪婪	tān lán	形容词	贪心，不知满足
可见一斑	kě jiàn yī bān		可以从一点看到整体
权重	quán zhòng	名词	某一指标在整体评价中的相对重要程度
迟钝	chí dùn	形容词	反应慢
说服	shuō fú	动词	充分讲述理由使对方心服
循循善诱	xún xún shàn yòu		善于指导或说服别人
划算	huá suàn	形容词	值得，合适
懊恼	ào nǎo	形容词	心里后悔而烦恼 近义词：懊悔
经意	jīng yì	形容词	经心
诱导	yòu dǎo	动词	劝说，引导 近义词：引导
导致	dǎo zhì	动词	引起，造成（不好的结果）
途径	tú jìng	名词	为达到某种目的而采取的方式方法
动机	dòng jī	名词	人们行为动作的推动因素
典型	diǎn xíng	形容词	有代表性的
论据	lùn jù	名词	用来证明论点的根据
论证	lùn zhèng	动词	用论据来证明论点

长篇累牍	cháng piān lěi dú		用很长的言论或文字
现身说法	xiàn shēn shuō fǎ		以自己的经历为例，对人进行启发或劝说
直观	zhí guān	形容词	可以直接看到的
清晰	qīng xī	形容词	清楚
取决	qǔ jué	动词	由某方面的情况决定
流畅	liú chàng	形容词	流利畅达 近义词：流利
修辞	xiū cí	动词	选择或调整语句，运用各种表现方式，使语言表达更为准确、鲜明、生动
分散	fēn sàn	动词	使不集中 反义词：集中
英姿	yīng zī	名词	英俊的姿态
魅力	mèi lì	名词	吸引力
否认	fǒu rèn	动词	不承认

注 释

一、人们对飞机安全性的**担忧**/**担心**乘飞机旅行会失事的心理完全是现代版的"杞人忧天"

"担忧"与"担心"是一对近义词，同为动词，都有放心不下的意思。区别如下：

"担忧"语义较重，"担心"语义较轻；"担忧"后面一般不带宾语，常常说"为某事担忧"；"担心"后面可以带宾语；"担心"中间可以插入其他成分，如"担了一辈子的心"，而"担忧"不能。

例如：

（1）儿行千里母担忧。

（2）路上有人照顾，你不必担忧。

（3）他担心路上堵车，可能赶不上飞机。

（4）孩子已经工作了，你还为他担什么心？

二、飞机**毫无**疑问仍然是世界上现有交通工具中最安全的

"毫"，是副词，常与"无"连用，表示"一点也没有"。

例如：

（1）他总是撒谎，老师对他毫无办法。

（2）我对公司这个决定毫无意见。

（3）你说的这件事我毫无印象。

（4）没想到今天有考试，我毫无准备。

三、有些彩民甚至**或多或少**地出现了与博彩相关的心理问题

"或"意思是"有的"构成"或A或B"的结构，如"或大或小"、"或明或暗"、"或真或假"、"或轻或重"等。A和B是相对的词语，表示在一定程度上存在。

例如：

（1）这次活动公司所有员工都向山区的孩子捐款了，或多或少。

（2）小鸟长大了，或早或晚总要离开妈妈。

（3）同学们或快或慢，陆续答完了试卷。

四、彩票中大奖的概率低到了几百万分之一**甚至**几千万分之一 / 有些彩民**甚至**或多或少地出现了与博彩相关的心理问题

"甚至"作为副词，强调突出的事迹，后面常常跟"都、也"配合，有时可以放在主语前。

例如：

（1）这台笨重的老式电脑甚至两个小伙子也搬不动。

（2）她的变化太大了，甚至她姐姐也认不出她了。

（3）这样大的生活压力似乎对他没有影响，他甚至比以前更结实了。

"甚至"还可以作为连词使用，放在并列的名词、形容词、介词短语、小句的最后一项之前，突出这一项。

例如：

（1）网购不但在城市很流行，甚至在农村，人们都开始网购了。

（2）这篇课文他读了很多遍，甚至能够从头到尾背下来。

（3）西部地区极度缺水，甚至饮用水都成问题。

五、**以至于**一百万分之一和一百分之一在他们看来都没有什么区别

"以至于"也可以说成"以至"，连词，用在复句的后一分句，表示由于上文所说的原因而出现某种情况，常与"因为"、"由于"搭配。

例如：

（1）中国外贸发展这样快，以至于外语人才供不应求。

（2）这部电影如此吸引人，以至于放映结束时很多观众还不愿离开。

（3）孔子思想对于中国以至于东亚社会都产生了深远影响。

（4）今年的产量可能会比去年增加一倍以至于几倍。

六、这种由于外在的诱导作用而**导致**人们看法改变的过程就是"说服"

"导致"，意思是引起、造成。它的近义词是"招致"。两者都是动词，都有引起不好的结果之意，但侧重点不同。"导致"侧重指由于客观原因造成某种消极的结果，"招致"侧重指由于主观的原因引起了不好的结果。

例如：

（1）水灾导致这一地区交通中断。

（2）国际市场的油价波动，导致中国的油价飙升。

（3）他没想到自己的一句玩笑话，竟招致了一场争论。

（4）他的疏忽大意，招致了意外的损失。

七、人们在某种动机的**引导**下／这种由于外在的**诱导**作用而导致人们看法改变的过程就是"说服"

"引导"和"诱导"是近义词，都是动词，都有启发之意。区别在于：

"引导"侧重在指引方向，使人或事物向好的方向发展，多用于积极方面；"诱导"侧重在开导、劝诱。

"引导"还有带领的意思，"诱导"没有这种用法。

例如：

（1）媒体应该引导人们理性消费。

（2）在导游的引导下，我们参观了故宫。

（3）对儿童应采用启发和诱导的方法进行教育。

（4）在推销人员的诱导下，不少老人购买了保健品。

八、一些电视直销广告就**常常**采用这种手段／这些厂商**往往**要长篇累牍地介绍自己产品的作用

"往往"，副词。表示某种情况经常存在或发生。在句中作状语，后面跟动词。近义词是"常常"。两个词意思相近，有时可以互相替换，但语义侧重点不同。区别如下：

1. "往往"是对到现在为止的情况的总结，表示在通常情况下都是这样，有一定规律性，不用于主观意愿；"常常"单指动作的重复，经常发生，不一定有规律，可以用于主观意愿。

2. "往往"不能用于将来的情况；"常常"可以。

例如：

（1）小李他们公司业务很多，节假日往往／常常要加班。

（2）为了完成一项试验，他们往往／常常在实验室中连着干好几天。

（3）如今的孩子和父母对很多问题的看法往往/常常不一样。

（4）周末时，她往往/常常跟中国朋友一起去郊游。

（5）回国后，我会常常给你打电话的。

（6）我希望我们以后可以常常见面。

九、他是否接受该文论点在很大程度上**取决**于这篇文章的行文流畅程度和修辞水平

"取决"，动词，意思是由某方面的情况决定，多跟"于"字搭配，后面必须接宾语。具体用法有以下几点需要注意：

1. 宾语是名词。

例如：

（1）居民消费的增长，取决于收入的增长。

（2）运动成绩的提高，不仅仅取决于训练强度。

2. 宾语是问句形式或包含两个意义对立的词。

例如：

（1）生物的生存和发展，取决于它能否适应环境。

（2）话剧观众的多少取决于演出质量和艺术水平如何。

3. 主语是问句形式或包含两个意义对立的词。

例如：

（1）谈判能否成功，取决于双方的诚意。

（2）产品质量优劣，取决于多种因素。

4. 主语和宾语都是问句形式或包含两个意义对立的词。

例如：

（1）病好得快还是慢，取决于你是否积极治疗。

（2）学习成绩的好坏，往往取决于努力程度的高低。

十、他是**否**接受该文论点就会在很大程度上取决于这篇文章的行文流畅程度和修辞水平／他就无法判断这篇文章的论证过程正确与**否**

"否"，文言词，现代汉语主要在书面语中使用"否"，常跟"是"、"能"、"可"等结合，构成"是否"、"能否"、"可否"等短语，用在动词或动词短语前，分别表示"是不是"、"能不能"、"可不可以"等。

例如：

（1）中国股市能否重回6000点，这个问题现在还很难说。

（2）这个杀毒软件能在5分钟内检查出你的电脑是否感染了病毒。

（3）演唱会是否要延期举行，现在还没有最后确定。

（4）可否将你的联系方式给我？

十一、百事的明星广告**确实**让消费者更多地购买它的产品

"确实"，副词。近义词是"的确"。两个词都表示客观情况真实可靠，在句中作状语，修饰动词、形容词。"确实"还是形容词，在句中可以作定语和谓语。

例如：

（1）他今天的确／确实没来上班。

（2）这个电影的确／确实不错。

（3）你得到确实的消息后，给我打电话。

（4）没有确实的数字，就无法让对方相信。

练 习

一、根据课文内容判断下列句子的对错，并在括号内画"√"或"×"。

（　　）1. 与其他交通工具相比，飞机安全性更高。

(   ) 2. 人们在买彩票的问题上，有些杞人忧天。

(   ) 3. 大部分人对于自己中大奖不抱希望。

(   ) 4. 人们幻想自己中大奖，只是因为过于贪婪。

(   ) 5. 人们往往会觉得低概率事件发生的可能性较大。

(   ) 6. 利用论文来说服人，属于外周途径。

(   ) 7. 中心途径更容易说服那些有思考能力的人。

(   ) 8. 文章越流畅易懂，它的观点越容易让不了解这个专业的人接受。

(   ) 9. 消费者认为球星很有魅力是因为他们喝了百事可乐。

(   ) 10. 用明星做百事可乐的广告，属于外周途径的说服。

二、给下列句中画线的词语选择合适的义项。

典型

A. 名词，具有某种代表性的人物或事件

B. 名词，文学艺术中能够反映一定社会本质而又具有鲜明个性的艺术形象

C. 形容词，有代表性的

(   ) 1. 他是农民勤劳致富的<u>典型</u>。

(   ) 2. 你举的例子不<u>典型</u>。

(   ) 3. 贾宝玉和林黛玉是《红楼梦》中的两个艺术<u>典型</u>。

(   ) 4. 他的妻子是个<u>典型</u>的贤妻良母。

分散

A. 形容词，散在各处，不集中

B. 动词，使不集中

C. 动词，分别离散

(   ) 1. 同学们的住处太<u>分散</u>，很难组织课外活动。

(   ) 2. 战争使得母女<u>分散</u>，几十年没有音信。

(　　) 3. 请上课时将手机关闭，以免分散注意力。

(　　) 4. 经理因为这件事分散了不少精力。

论证

A. 名词，用论据来证明论题的真实性的思维过程

B. 名词，作出判断的根据

C. 动词，论述并证明

(　　) 1. 这个线索为警方提供了有力的论证。

(　　) 2. 文章有论点，有论据，只是缺少足够的论证。

(　　) 3. 专家论证了这种可能性的存在。

(　　) 4. 回顾历史，展望未来，与会者论证了当前的形势和任务。

三、选词填空。

懊恼　　信服　　流畅　　杞人忧天　　毋庸置疑　　难能可贵　　迟钝

可见一斑　　循循善诱　　长篇累牍　　现身说法

1. 他高超的医术，令人_____。

2. 舞蹈演员的动作优美_____，赢得了观众热烈的掌声。

3. 为了让人相信，他_____介绍了产品的神奇功效。

4. 问题最终会得到解决，这是_____的。

5. 她是一名_____的好老师。

6. 他总是想世界末日到来该怎么办，真是_____。

7. 由于堵车没赶上飞机，她十分_____。

8. 这支球队第一次参加世界杯就进入了十六强，实力_____。

9. 饮酒容易使人反应_____。

10. 老王曾经因酒驾受到处罚，他_____，向大家讲了酒驾的危害。

11. 小李能够主动地承担重任，真是_____。

四、辨析下列近义词并选词填空。

担心—担忧　　导致—招致　　引导—诱导　　确实—的确

1. 麦克_____这次考试题目可能会很难。
2. 他时常看《三国》落泪，为古人_____。
3. 他说自己有_____可靠的证据来支持这一结论。
4. 这个任务_____不容易完成。
5. 他不礼貌的行为，_____同学们的批评。
6. 在推销员的劝说和_____下，他购买了一件根本用不上的东西。
7. 全球气候变暖可能会_____很多自然灾害。
8. 校长_____客人们参观了校园。

五、用指定的词语完成句子。

1. 他的变化太大了，_____。（以至于）
2. 出现这样的状况，_____。（毫无）
3. 他的错误决定，_____。（导致）
4. 刚刚来到中国时，同学们_____。（或……或……）
5. 每个人最后的成绩，_____。（取决于）
6. 我不知道_____。（是否）
7. _____，没有人去问。（与否）
8. 面对记者的追问，_____。（否认）

六、模仿下列句子，用括号里的词语造句。

1. "杞人忧天"虽已经成为历史笑谈，但现实生活中，各种版本的"杞人忧天"事件仍然在继续上演着，比如，人们对飞机安全性的担忧。（……虽……但……比如……）

2. 事实是，虽然确实发生了令人痛惜的重大事故，但是，相较于其他交通工具来说，飞机的安全性是毋庸置疑的。（虽然……但是……相较于……来说……）

3. 他是否接受该文论点在很大程度上取决于这篇文章的行文流畅程度和修辞水平。（……是否……取决于……）

4. 即使人们知道这些事件发生的实际概率，他们赋予该事件的"心理权重"也会大大高于这个实际概率。（即使……也……）

5. 人们对于概率是如此迟钝，以至于一百万分之一和一百分之一在他们看来都没有什么区别。（……如此……以至于……）

6. 不管是推销员，还是各种媒体广告，总是能够在不经意间改变消费者对商品原有的看法。（不管……还是……总是……）

7. 这种由于外在的诱导作用而导致人们看法改变的过程就是"说服"。（……由于……导致……）

8. 他们不仅要提出鲜明的论点，而且要提供有说服力的论据和令人信服的论证过程。（……不仅……而且……）

9. 与说服的中心途径不同，说服的外周途径不是通过令人信服的论据，而是通过一些直观的、清晰易懂的表达方式来进行说服。（与……不同，……不是……而是……）

七、按照适当顺序排列下面句子。

1. A. 但现实生活中

    B. "杞人忧天"虽已经成为历史笑谈

    C. 比如，人们对飞机安全性的担忧

    D. 各种版本的"杞人忧天"事件仍然在继续上演着

2. A. 这种由于外在的诱导作用而导致人们看法改变的过程就是"说服"
   B. 还是各种媒体广告
   C. 总是能够在不经意间改变消费者对商品原有的看法
   D. 不管是推销员

   _____

3. A. 中心途径和外周途径
   B. 给出了说服起作用的两种途径
   C. 说服究竟是如何起作用的呢
   D. 行为经济学家通过研究

   _____

4. A. 人们在某种动机的引导下
   B. 现实生活中,中心途径说服的典型例子就是论文
   C. 有能力对问题采取全面而系统的思考时
   D. 更容易被中心途径所说服

   _____

八、查阅资料,根据以下提示展开小组讨论,并选择其中一个内容写一篇小文章(300字左右)。

   1. 什么是行为经济学?
   2. 文中讲到的人们对大概率和小概率事件的想法,跟你的想法一样吗?
   3. 文中讲到说服起作用的两种途径,你一般是通过哪种途径被说服?请举例说明。

   _____

   _____

Lesson 5

居民消费，是一定时期内，城乡居民个人物质生活和精神生活需要的物质产品的总和，也称个人消费或生活消费。随着中国城乡居民收入的快速增长，居民消费能力也在不断升级。中国居民消费升级经历了从基本生活消费逐步向发展型和享受型消费转移的过程。

第五课
中国居民的消费升级

课 文

对于相当一部分20世纪70年代出生的人而言，也许较难**切身**感受到父辈年轻时对自行车、**缝纫机**、手表这旧"三大件"的渴望；对于相当一部分80年代出生的人而言，也许较难理解20年前城镇居民对彩电、冰箱、录音机这新"三大件"**迸发**出的热情；或许，90年代和21世纪出生的人群长大以后，也不再会像现在好多人这样只为一套住房、一辆汽车而努力打拼，而是有了更高的追求。

回首经济的不同发展阶段，总是有种力量在改善着人们的生活方式，在推动着经济的进步。而毫无疑问，这种力量还将持续高涨。这种力量就是消费**升级**。

居民消费全面升级

中国居民消费升级经历了从基本生活消费逐步向发展型和享受型消费**转移**的过程，消费升级主要经历了三个时期：

——以基本生活消费为主的初级阶段（1978年改革前）。主要追求自行车、缝纫机、手表这旧"三大件"。

——生活大为改善的电器**普及**阶段。主要追求彩电、冰箱、录音机这新"三大件"，形成了以家用电器为代表的**耐用**消费品热潮。这一热潮大约**延续**了十年左右，家用电器在城市普及，并且开始进入农村家庭。

——高层次的享受型阶段。家电普及后，又**掀起**了以住房、汽车为主的新的消费热潮。

近些年来，消费结构升级趋势已经非常明显，从**温饱**到**小康**再到享受的消费阶段变化，给相关行业带来了巨大的发展机遇，乳品、葡萄酒、平板彩电等行业**龙头**，以及作为消费渠道的专业连锁和现代百货业，都获得了高速增长。

随着居民收入的不断提高，人们的生活质量大为改善，消费者在选择商品过程中越来越看重品牌，奢侈品消费需求开始**涌现**。旅游、教育、医疗等消费的增长速度高于全社会平均的行业发展速度,在恩格尔系数中所占**比重**迅速提升。

从全国范围来看,这个阶段中,消费升级的主要特点表现在三个方面:

第一,从区域发展对比来看,东部、中部与西部地区,与经济发展水平相适应,消费水平存在着由高到低的"**阶梯状**"格局。

第二,城市存在着某些奢侈品需求**激增**的现象,耐用消费品普遍开始**更新换代**,汽车与住房成为消费的重点领域。

第三,整个社会处于多元化的消费阶段,各个阶层的消费需求不同,差异化倾向明显,个性化需求强烈,这不仅仅给生产企业和经销企业提出了新的课题,而且给**宏观决策**部门与研究部门带来了新的挑战。消费升级正全面改变着老百姓的生活方式。

消费升级进程对扩大内需进而促进整个国家宏观经济的健康发展具有明显的积极作用。

促进消费升级可以使投资和居民生活的相关度提高,通过国内市场解决一部分国内的**产能**,不必再过度**依赖**国际市场,从而减少贸易顺差,促使国际收支平衡。尽管消费升级所涉及的商品可能只占全部社会零售商品中的一小部分,但是,哪些产业会进一步升级,其发展肯定就会更快一点,宏观经济自然也会**受益**。

消费结构的不断升级,带动了产业结构的升级;消费结构升级与产业结构升级形成的**良性**互动,将成为中国经济成长的推动力。

产业升级带动消费升级

努力扩大内需、**着力**促进消费较快增长,已经成为我国解决**流动**性过剩、保持经济又好又快发展的根本**路径**,而促进消费的动力源于居民消费结构的进一步升级。专家指出,我国正在进行的消费升级**有赖**于国内产业特别是高层次服务产业的升级,反过来,消费升级又能推动相关产业的加快发展。

一直以来,我国在吃、穿、用等低层次消费资料供给方面相对充足,但住、行、玩、金融保险、信息服务等高层次服务却严重**供不应求**,极大地抑制了消费升级与投资需求的**扩张**。

近年来我国金融、电信行业的升级带来了消费方式的变化,迸发出了很强的消费热情,改变了服务业的消费状况,带动了保险、旅游、信息、娱乐以及债券、股票等投资类消费的增长。不过,服务业目前总体消费规模还很小,**有待**于提升。金融、电信这些服务业要加大开放力度,增加竞争,给百姓提供质量好、价格**适中**的服务。

推进消费升级必须建立消费政策体系

互联网上曾广泛流传这样一则小故事:美国老太太住了一辈子房,死前还清房贷;中国老太太攒了一辈子钱,死前买下一栋房。

作者认为,这个故事原本意在表明中美观念的差异,但实际真正的差异在于:美国老太太18岁就能获得房贷,但中国老太太在18岁时,谁对她执行过房贷政策呢?

消费升级需要政策升级提供**保障**。当前,国内新一轮的消费升级正在加速前行,为了使这个进程持续更长时间,需要针对这一阶段的特点,**构建**中国的消费政策体系。在这个进程中,要加快社会保障制度建设,提高居民的消费信心。切实增加居民收入,是保障消费需求不断增长的现实基础。目前,农民对享受资料和发展资料的需求逐步增大,对中高档耐用消费品的需求刚刚进入快速增长阶段。因此,必须切实增加广大农民收入,提高农民的货币购买力,**开拓**农村消费市场。

目前政策明确鼓励的贷款消费对象仅有住房和汽车,可以适度增加贷款消费的范围。在刺激居民住房消费方面,应切实加强对房地产市场的**调控**,降低商品房价格。目前远远超出居民收入承受能力的过高房价已经成为**阻碍**住房消费扩大的最主要因素,控制不合理的房价是扩大城镇居民住房消费的关键。

推进消费升级实际上涉及方方面面的政策,其中还包括鼓励更多的职工参加养老保险,保障其生活安定,**维护**消费者现期正常的消费支出心态。加强对教育收费的管理,消除居民对教育收费及其合理增长的不确定感,抑制这方面的**储蓄**

增长因素，增加现期消费倾向。

生　词

切身	qiè shēn	形容词	亲身
缝纫机	féng rèn jī	名词	缝制衣物等的机器
迸发	bèng fā	动词	向外突然发出
回首	huí shǒu	动词	回头，回忆
升级	shēng jí	动词	从较低的等级升到较高的等级
转移	zhuǎn yí	动词	改换位置，从一方移到一另一方
普及	pǔ jí	动词	普遍推广，使大众化
耐用	nài yòng	形容词	可以长时间使用，不容易用坏
延续	yán xù	动词	照原来的样子继续下去
掀起	xiān qǐ	动词	使大规模地兴起，发动
温饱	wēn bǎo	名词	吃得饱、穿得暖的生活
小康	xiǎo kāng	形容词	指中等生活水平的（家庭经济状况）
龙头	lóng tóu	名词	比喻带头的、起主导作用的事物
涌现	yǒng xiàn	动词	（人或事物）一时大量出现
比重	bǐ zhòng	名词	部分在整体中所占的分量
阶梯	jiē tī	名词	台阶和梯子
激增	jī zēng	动词	急速地增长
更新	gēng xīn	动词	除去旧的，换成新的
宏观	hóng guān	形容词	一般学科中着眼于大的方面的 反义词：微观
决策	jué cè	动词	决定策略或办法

产能	chǎn néng	名词	生产能力
依赖	yī lài	动词	依靠
受益	shòu yì	动词	得到好处
良性	liáng xìng	形容词	向着好的方向的
着力	zhuó lì	动词	把力气集中于某一方面
流动	liú dòng	动词	指商品、货币流通周转
路径	lù jìng	名词	道路、办法
有赖	yǒu lài	动词	依靠
供不应求	gōng bù yìng qiú		供应不能满足需求
			反义词：供过于求，供大于求
抑制	yì zhì	动词	控制、约束
扩张	kuò zhāng	动词	扩大（势力等）
			近义词：扩大
有待	yǒu dài	动词	要等待
适中	shì zhōng	形容词	程度合适的
保障	bǎo zhàng	动词	保证
构建	gòu jiàn	动词	构思和建立
开拓	kāi tuò	动词	开发、拓展
调控	tiáo kòng	动词	调整、控制
阻碍	zǔ ài	动词	使不能顺利通过或发展
			近义词：妨碍
维护	wéi hù	动词	保护使免于遭受损害
			近义词：保护
储蓄	chǔ xù	动词	把钱存在银行里

注 释

一、对于相当一部分20世纪70年代出生的人而言

"对于……而言","对于"后面接人或事物,也可以说"对……而言",表示对象。

例如:

(1)对于餐饮业而言,突出经营特色是十分重要的。

(2)对于中小学生而言,学习负担过重是不利于他们的健康成长的。

(3)尽管经济适用房价格不高,但对大多数低收入者而言,这个价格还是难以承担的。

(4)20年的发展,对于中国旅游业而言,只是全国经济发展的一部序曲。

二、以及作为消费渠道的专业连锁和现代百货业

"连锁"原意是像锁链似的,一环扣一环,形容连续不断。引申为指一个公司或集团的经营方式。一个公司(集团)开设的经营业务相关、方式相同的若干个商店,就是这个公司(集团)的连锁店。这种用不断开设业务相关、经营方式相同的商店来扩大规模的经营方式,就叫连锁经营。

例如:

(1)目前,该公司已在北京、上海等地开设了多家连锁店。

(2)世界三大著名零售业巨头家乐福、沃尔玛、麦德龙都采用了连锁经营模式。

三、在恩格尔系数中所占比重迅速提升

恩格尔系数(Engel's Coefficient)是食品支出总额占个人消费支出总额的比重。19世纪德国统计学家恩格尔根据统计资料,发现消费结构变化的一个规律:一个家庭收入越少,家庭收入中(或总支出中)用来购买食物的支出所占的比例就越大,

随着家庭收入的增加，家庭收入中（或总支出中）用来购买食物的支出比例则会下降。推而广之，一个国家越穷，每个国民的平均收入中（或平均支出中）用于购买食物的支出所占比例就越大，随着国家的富裕，这个比例呈下降趋势。

四、汽车与住房成为消费的重点领域 / 从区域发展对比来看

"领域"和"区域"是一对近义词，两个词都是名词，都指一定的范围。"领域"可以指一个国家主权范围内的土地，也可用于社会活动和思想意识等范围，如"思想政治领域"、"自然科学领域"等；"区域"指的是地区范围，可以组成"区域经济"、"区域发展"、"区域合作"、"区域自治"等。

例如：

（1）未经许可，外资银行不能在中国领域内从事金融活动。

（2）目前，中国已经和很多国家在科学技术领域展开了合作。

（3）新疆区域辽阔，物产丰富。

（4）亚太各国应继续加强区域经济合作。

五、促进消费升级可以使投资和居民生活的相关度提高 / 促使国际收支平衡

"促进"和"促使"是一对近义词，都有推动的意思，都是动词。"促使"侧重于推动使发生某种变化，只能构成兼语句式；"促进"侧重于推动向前发展，宾语常为动词性的，主语也常为动词性的。如果"促进"前面有副词"互相"，后边就不能再带宾语。

例如：

（1）经济发展的需要，促使许多人开始学习外语。

（2）大家的鼓励，促使他坚持下来。

（3）煤炭的利用，促进了工业革命的开展。

（4）我们要互相学习，互相促进。

六、我国正在进行的消费升级**有赖于**国内产业特别是高层次服务产业的升级

"有赖于",也可以说"有赖",意思是必须依靠,不能单独作谓语,后面一定要带宾语。

例如:

(1)要实现这个目标,有赖于各位同事的共同努力。
(2)食品安全有赖于法制保障。
(3)德国和日本的经济复苏仍有赖于出口。
(4)优质的设计有赖于设计师与客户自由开放的沟通。

七、服务业目前总体消费规模还很小,**有待于**提升

"有待",动词,意思是要等待,表示某事需要将来去做。多用于书面语。在句中作谓语,一定要带宾语。宾语可以是主谓结构、动词或动词短语,还可以带名词化了的动词或动词短语。"有待"和宾语中间可以加介词"于",意思不变。

例如:

(1)事故原因有待于我们进一步调查。
(2)这个问题有待深入研究。
(3)中国西部地区有待于开发的矿产资源很多。
(4)生产任务的完成,还有待于本厂职工的共同努力。
(5)尽管我国出口商品结构进一步得到了优化,但总体结构和档次仍有待提高。

八、这个故事原本意在**表明**中美观念的差异

"表明",近义词是"表示",两个词都是动词,都有显示出来,使人知道的意思。区别如下:

1."表明"强调清楚地表示出观点、态度、立场、身份、诚意、心迹等,不

能带补语；"表示"指用言语说出或用行动显示出某种思想、感情、态度等，如表示欢迎、感谢、同意、反对、抱歉、反抗等，可以带补语。

2. "表示"还可以指事物本身显示出某种意义或传达出某种信号。

3. "表示"还可以作名词，指显示某种思想感情的言语、行动或神情。

例如：

（1）中国政府已经多次表明对这一事件的立场。

（2）统计结果表明，今年我国的加工贸易、一般贸易进出口全面增长。

（3）代表团来我们这里访问，我们表示热烈欢迎。

（4）小李向经理表示过很多次，愿意到分公司工作。

（5）在大部分国家，点头表示同意，摇头表示反对。

（6）警察听了她的话，脸上没有任何表示。

九、消费升级需要政策升级提供**保障**

"保障"，近义词是"保证"，两个词同样可以作为动词，也可以作为名词使用。区别如下：

1. 作为动词时，"保障"的意思是确保，宾语多是名词或名词性词语，如"人民、财产、权利、生命安全"等；"保证"除了确保外，还有保证做到的意思，宾语多是动词或动词性词语，如"完成任务"、"忘不了"等。

2. 名词"保障"指起保护作用的事物，而且多指大的方面；"保证"则指起担保作用的事物或条件，除了指大的方面外，还可指日常生活方面的。

例如：

（1）必须保障未成年人的合法权益。

（2）和平的环境是社会发展的保障。

（3）我们保证完成今年的销售任务。

（4）充足的睡眠是健康的保证。

十、对中高档耐用消费品的需求**刚刚**进入快速增长阶段

"刚刚",副词。容易和它混淆的词是"刚才"。两者都和时间有关系。区别如下:

1. 词性不同。"刚刚"是副词,说明动作发生的时间,只能用在动词或少数表示变化的形容词前面作状语;"刚才"是名词,指说话以前不久的时间,可以作状语,放在主语的前面或后面,还可以作定语、主语、宾语。

2. 否定形式不同。"刚刚"的否定式是"不是刚刚";"刚才"没有否定式,但后面可以加"不"或"没有"。

3. "刚刚"还可以表示某一行动或情况发生不久,另一行动或情况紧接着发生,用在复句中,后面有"就"、"又"呼应;"刚刚"还可以表示勉强达到某种程度;"刚刚"还可以表示"恰好"。

例如:

(1) 她已经毕业3年了,不是刚刚毕业的学生。

(2) 他刚刚到家,就接到厂里一个电话,说机器出了故障。

(3) 他文化程度不高,刚刚高中毕业。

(4) 我手中刚刚有20万元,不多不少,你先拿去买设备吧。

(5) 我们刚才在这里进行了谈判。/ 刚才我们在这里进行了谈判。

(6) 这个问题你刚才不/没提,现在说也没用了。

十一、**维护**消费者现期正常的消费支出心态

"维护",近义词是"保护",两个词都是动词,都有"尽力照顾,使不受到损害"的意思。区别如下:

1. "维护"偏重于维持、护卫,对象多为尊严、荣誉、秩序、主权、威信等抽象事物;"保护"偏重于爱惜、护理,对象一般是比较具体的人或事物,可以构成"保护人"、"保护动物"、"保护国"、"保护伞"、"保护色"、"保护关税"等词语。

2. 作谓语时,"维护"可以带名词或动词宾语;"保护"只能带名词宾语。

3. "保护"可以带兼语,"维护"不能。

例如:

(1)消费者协会的主要工作是维护消费者的合法权益。

(2)他们希望加强交流与合作,共同维护本地区的和平与稳定。

(3)每天早晚应该刷牙,以保护牙齿。

(4)为了保护国家财产不受损失,他同犯罪分子进行了激烈斗争。

练习

一、根据课文内容判断下列句子对错,并在括号内画"√"或"×"。

(　　)1. 彩电、冰箱、录音机曾经是中国的消费热点。

(　　)2. 中国居民的消费升级经历了三个阶段。

(　　)3. 随着收入增加,人们的消费需求越来越相近。

(　　)4. 消费升级会带来贸易顺差的扩大。

(　　)5. 中国吃、穿、用等消费资料供不应求。

(　　)6. 中国的服务业不够发达。

(　　)7. 现在住房、教育、旅游、信息等领域的消费政策已经完善。

(　　)8. 居民储蓄越多,越有利于消费升级。

二、给下面句子画线的部分选择合适的义项。

升级

A. 动词,从较低的等级或班级升到较高的等级或班级

B. 动词,战争规模扩大,情况紧张的程度加深

(　　) 1. 这次考试及格的同学，才可以升级。

(　　) 2. 随着形势的发展，两国之间的战争逐步升级。

(　　) 3. 科技的进步，使信息产品升级换代的速度越来越快。

(　　) 4. 由于种种原因，他们夫妻之间的矛盾逐步升级。

保障

A. 动词，保护（生命、财产、权利等），使不受破坏

B. 名词，起保障作用的事物

(　　) 1. 完善的法律制度，是经济建设顺利进行的保障。

(　　) 2. 惩罚犯罪分子，是为了保障人民的生命、财产安全。

(　　) 3. 政府及时运送了大批物资，保障了灾区人民的需要。

(　　) 4. 有关部门应该为下岗失业人员提供必要的生活保障。

扩张

A. 动词，扩大

B. 动词，对外侵略，扩展（领土或势力范围）

(　　) 1. 这种药物具有扩张血管的作用。

(　　) 2. 我们反对任何形式的军事扩张行为。

阻碍

A. 动词，使不能顺利通过或发展

B. 名词，起阻碍作用的事物

(　　) 1. 语言不通，阻碍了两个民族的交流。

(　　) 2. 事故车辆阻碍了交通，必须赶快清理。

(　　) 3. 这些高层建筑阻碍了太阳的光线。

(　　) 4. 我们的项目顺利地通过了审批，没有遇到任何阻碍。

三、用下列词语填空。

抑制　　适中　　着力　　更新　　掀起　　普及　　激增　　受益

依赖　　供不应求

1. 近些年，世界上很多国家_____了学习汉语的热潮。

2. 你要自己思考，别总是_____老师。

3. 如今，电脑已经_____到寻常百姓家。

4. 近些年，中国拥有汽车的家庭数量_____。

5. 医疗改革成功，每个人都将_____。

6. 大气污染问题是目前政府_____解决的问题。

7. 政府将采取措施，_____过高的房价。

8. 现代社会，知识_____越来越快。

9. 这次考试题难度_____，大部分同学都通过了。

10. 由于产品_____，他们不得不从外地调来一批货。

四、辨析下列近义词并选词填空。

领域—区域　　促进—促使　　表明—表示　　保障—保证

刚刚—刚才　　维持—保持

1. _____公共场所的卫生，是每个人的义务。

2. 我早晨_____收到他们寄来的检测报告，还没来得及看。

3. 我们必须抓住机遇，_____中小企业快速发展。

4. 我们_____在月底前完成任务。

5. 这个公司仅仅能够_____现状，很难有什么发展。

6. 制定未成年人保护法的目的，是_____未成年人的权利。

7. 长江三角洲一带，_____经济发展迅猛。

8. 他一直不敢_____自己的真实身份。

9. 我已经向经理_____过我的歉意。

10. 改革开放以来，中国的经济_____发生了翻天覆地的变化。

11. _____的事情是我不对，我向你道歉。

12. 好奇心_____他走进了那个院子。

五、仿照下列句子，用括号里的词语造句。

1. 对于相当一部分20世纪70年代出生的人而言，也许较难切身感受到父辈年轻时对自行车、缝纫机、手表这旧"三大件"的渴望。（对于……而言……）

2. 从区域发展对比来看，东部、中部与西部地区，与经济发展水平相适应，消费水平存在着由高到低的"阶梯状"格局。（从……来看……与……相适应……）

3. 整个社会处于多元化的消费阶段，各个阶层的消费需求不同，差异化倾向明显，个性化需求强烈，这不仅仅给生产企业和经销企业提出了新的课题，而且给宏观决策部门与研究部门带来了新的挑战。（……不仅仅……而且……）

4. 尽管消费升级所涉及的商品可能只占全部社会零售商品中的一小部分，但是，哪些产业会进一步升级，其发展肯定就会更快一点，宏观经济自然也会受益。（尽管……但……）

5. 我国正在进行的消费升级有赖于国内产业特别是高层次服务产业的升级。（有赖于）

6. 不过，服务业目前总体消费规模还很小，有待于提升。（有待于）

六、按照适当顺序排列下面的句子。

A. 有些污染破坏着我们周围的空气、食品、水源和大自然的生态环境，影响着我们的身体健康，并给子孙后代造成隐患。

B. 21世纪中国人的目标放在汽车、电脑、装饰豪华的住宅和美味方便的快餐上。

C. 因此，对这种消费带来的污染应引起警惕。

D. 随着人类文明程度的日益提高，越来越多的中国家庭拥有了电视、空调、电冰箱等现代化的家用电器。

E. 然而，这种追求家庭现代化高消费的生活方式带来的不仅是舒适和文明，它也将环境污染带给每一个中国人。

七、综合填空。

今年，我国城镇居民消费水平和消费质量__1__提高，消费结构进一步__2__，正从传统的基本生活消费__3__向发展型和享受型__4__。其中，现代家电产品__5__量明显增加。__6__收入水平的不断提高，城镇居民在消费选择上愿意花更多的钱购置和__7__以家电为代表的高档耐用消费品。

A. 随着　B. 逐步　C. 转移　D. 拥有　E. 更新　F. 升级　G. 显著

八、分小组做一个留学生消费行为的小调查，小组成员讨论设计调查问卷，分别去调查，调查完成后每组写一篇300字左右的调查报告。

Lesson 6

中国是一个古老的农业大国,农业是国民经济的基础。改革开放以来,中国农业取得了很大成就,农业产值、产量迅速增长,产业结构发生巨大变化,劳动力大量流向非农产业,迈出了中国农村工业化和现代化的第一步。在当前城市化过程中,中国农业发展面临着种种挑战,应当充分估计农业发展中的危机,并采取系统的、综合的措施予以有力的保护和支持。

第六课
面临挑战的中国农业

课文

　　新中国成立至今，尤其是改革开放后的30多年间，中国在农业发展方面取得了举世瞩目的成就，创造了用占世界1/10的**耕地**，养活了世界1/5人口的奇迹。农业为工业提供了大量的资金**积累**，同时，中国农村劳动力逐步实现了转移。1952年，中国农村人口占总人口比重高达87.5%，到1981年这一比重降至80%以下（79.84%）；2000年农村人口比重降至63.8%，2013年进一步降到了46.27%。与此同时，农民收入得到了显著提高。1978年，中国农村居民年人均纯收入仅为133.6元，1994年首次**突破**千元大关，达到1221元。到2013年，中国农村居民人均年收入已经达到8896元。

　　中国农业发展尽管取得了**有目共睹**的成绩，但也面临着巨大的挑战。

　　首先是农业资源**匮乏**限制了未来农业的发展。中国农业发展所依赖的农业资源总量位居世界前列，但是人均占有量大大低于世界平均水平，并且日益减少。如中国耕地总面积为18亿亩，但人均耕地面积不到1.4亩，只相当于全球平均水平的1/3；水资源总量为2.8万亿立方米，人均占有量不足2700立方米，只有世界人均水平的1/4。据估计，在北方缺水地区，地表水的利用率已达43%～68%，地下水资源开发率已达40%～84%。由于对地下水的过度**开采**和农田大面积的**漫灌**，使得地面沉降，**周遭**的江河湖泊**断流枯竭**，水资源日趋**贫乏**，农田得不到充足的**灌溉**。另外，水资源的污染范围**急剧**扩大，**致使**能作为资源的水正在迅速减少。今后，随着人口的增长和工业化的发展，对农业资源的占用还会进一步扩大，资源对中国农业发展的**约束**作用将会增强。

　　农业文化是中国传统文化的基础和核心，历史上人与自然**和谐**共存，农民通过追加农家肥、草木灰等来保持土地可持续的肥力。但现在，由于生存压力所迫，农民不得不通过大量施用**无机化肥**的办法来**维持**农业生产的高产量。土地成了一种挣钱的工具，对资源的**掠夺**和破坏越来越加剧，在这样的情况下，传统的农耕文明**岌岌可危**。

从 20 世纪 80 年代起，中国农村就普遍采用了依靠化肥、农药大量投入的无机耕作技术，这虽然对提高粮食产量、**缓解**粮食与人口的矛盾发挥了很大的作用，但这种技术也带来了新的环境问题。农业成本越来越高，农产品品质越来越受到市场的**冷落**，因而目前农业的经济效益与生态效益都比较低下。例如集约化养**畜养禽**，它曾经极大地提高了**畜牧**业的生产力水平，但它的**弊病**也**不容小觑**。首先，极度拥挤的圈笼式饲养方法为动物保护主义者所**诟病**；其次，畜禽粪便严重污染空气和水源，由此带来的损失难以估计；尤其值得注意的是，由于过分依赖**抗生素**以**遏制**流行病，以至于抗生素在肉、蛋、奶中**残留超标**，长期食用导致儿童**早熟**、肥胖的案例并不**鲜见**。近期禽流感、疯牛病、猪蓝耳病等**疫病**大面积**暴发**，这无疑给**盲目**追求高产的规模化**养殖**方式敲响了警钟。

农业是经济发展、社会安定、国家自立的基础。要**立足**中国的基本国情来认识农业发展问题的重要性与紧迫性，要充分估计在城市化这一漫长的过程中农业发展面临的危机，并采取有力的措施**予以**保护和支持，从而尽可能地降低城市化过程中农业付出的代价。

许多经济学者的研究证明，农产品产量的提高对农民收入的增长贡献**甚微**，因此，在粮食总产量连续保持增长的今天，如何在政府层面上保证农产品供给数量上的安全，同时实现农民实际收入的显著提高，是新农村建设中的一大难题。现在，中国处于一个开放的环境中，重视国际农产品市场应有的作用，应当是使农产品供给安全得以有效实现的一条重要途径。

应当集中力量**发掘**传统农业的精华，尊重农民的**意愿**，发挥农户的生产积极性。事实上，农业产出增长的**源泉**，往往产生于现有最好技术的推广，而不是某一实验室新技术的发明，英国的农业革命、美国的**土壤**保持运动**亦**如是。

中国农业自然资源的人口承载力已经**不堪重负**，而长期以来中国推广的农业技术却是以资本、土地密集型为导向的，这种做法不仅没有利用好最广大的劳动力资源，反而使得贫富差距不断加大。为求得可持续的经济和社会**福利**，必须把

生态学原理运用到农村发展的战略之中,开发生态技术,促进农民充分就业,并开展一系列的增值增收活动。

生 词

耕地	gēng dì	名词	种植农作物的土地
积累	jī lěi	名词	收入中用于扩大再生产的部分
突破	tū pò	动词	超出
有目共睹	yǒu mù gòng dǔ		人人都看见了,非常明显
匮乏	kuì fá	形容词	缺少 近义词:贫乏
限制	xiàn zhì	动词	规定范围,不许超过
开采	kāi cǎi	动词	开发(煤、石油等)
漫灌	màn guàn	动词	一种灌溉方法,让水顺着坡往地里流
周遭	zhōu zāo	名词	周围
断流	duàn liú	动词	水流中断
枯竭	kū jié	形容词	水源没有水或水很少
贫乏	pín fá	形容词	缺少
灌溉	guàn gài	动词	把水输送到田里浇灌土地
急剧	jí jù	副词	迅速而剧烈
致使	zhì shǐ	动词	以致,使得(产生不好的结果)
约束	yuē shù	动词	限制,使不超出范围
和谐	hé xié	形容词	配合得适当
无机	wú jī	形容词	与生物体无关的 反义词:有机

维持	wéi chí	动词	继续保持
			近义词：保持
掠夺	lüè duó	动词	抢夺
岌岌可危	jí jí kě wēi		十分危险
缓解	huǎn jiě	动词	使减轻、好转
冷落	lěng luò	动词	对人冷淡，不热情
畜	chù	名词	家庭饲养的牛、羊、猪等动物
禽	qín	名词	鸟类
畜牧	xù mù	动词	饲养、放牧大批牲畜或家禽
弊病	bì bìng	名词	存在的问题
不容	bù róng	动词	不能
小觑	xiǎo qù	动词	轻视
诟病	gòu bìng	动词	指责，批评
抗生素	kàng shēng sù	名词	一种能抑制微生物生长繁殖的化学物质
遏制	è zhì	动词	阻止
残留	cán liú	动词	没有清除完而留下来
超标	chāo biāo	动词	超过标准
早熟	zǎo shú	形容词	身体发育快，成熟早
鲜见	xiǎn jiàn	形容词	少见
疫病	yì bìng	名词	流行性的传染病
暴发	bào fā	动词	突然发作
盲目	máng mù	形容词	像盲人一样看不见东西。比喻缺乏明确的目标
养殖	yǎng zhí	动词	饲养和繁殖
立足	lì zú	动词	处于某种立场

予以	yǔ yǐ	动词	给
甚	shèn	副词	很
微	wēi	形容词	小
发掘	fā jué	动词	把潜在的东西挖出来 近义词：挖掘
意愿	yì yuàn	名词	愿望
源泉	yuán quán	名词	水的来源
土壤	tǔ rǎng	名词	能生长植物的土
亦	yì	副词	也
不堪	bù kān	动词	承受不住
重负	zhòng fù	名词	沉重的负担
福利	fú lì	名词	利益，特指生活方面的照顾
生态学	shēng tài xué	名词	研究生物之间和生物与周围环境之间相互关系的科学

注 释

一、1994年首次突破千元大关，**达到** 1221 元

"达到"，近义词是"到达"。两者都有到的意思。区别如下：

1. 词性不同，"达到"是动补结构；"到达"是动词。

2. 在句中都作谓语。"达到"中间可插入"得"、"不"，表示可能；"到达"中间则不能插入其他成分。

3. "达到"侧重指到了某个目标或某种程度，宾语常为"目的、水平、程度、标准、要求、理想"等抽象名词及数量词，也可以带小句；"到达"侧重指到了某一地点或某一阶段，宾语多为"学校、机场、目的地"等表示处所的名词或"理想境界"

等表示某一阶段的名词。

例如：

（1）只要努力，这样的标准完全达得到。

（2）所谓小康水平，是指在温饱的基础上，生活质量进一步提高，达到丰衣足食。

（3）经过了十几个小时的飞行，飞机终于到达了首都国际机场。

（4）两个人几乎同时到达终点。

二、中国农业发展尽管取得了有目共睹的**成绩**/中国在农业发展上取得了举世瞩目的**成就**

"成就"，在本句中是名词，指事业上的成绩。其近义词是"成绩"，也是名词。两者区别如下：

1."成绩"是个中性词，可以用于事业等比较大的方面，也可以用于一般的学习、工作或运动方面；"成就"是褒义词，只能用于意义重大的事情。

2."成绩"在句中可以作定语。

3."成就"还可以作动词，意思是完成（某种事业），后面一定跟名词宾语，宾语一般都是与事业有关的名词，不能与"理想"搭配。

例如：

（1）几位医学家所取得的成就，对于人类的健康有着重大意义。

（2）改革开放以来，中国经济和社会发展取得了巨大成就。

（3）在人类历史上成就伟大事业的，往往是那些身处逆境却自强不息的人。

（4）在这次运动会上，我系运动员的成绩不理想。

（5）他这次考试得了满分，成绩的取得跟他平时的努力是分不开的。

三、中国农业发展**所**依赖的农业资源总量位居世界前列

"所"，助词，多用在及物动词前，组成名词性的"所"字结构。"所"后面

的动词必须是及物动词,"所"和后面的动词之间不能加入其他成分。常用在书面语中。

1."所+动词"后面加"的"修饰名词。

例如:

(1)我先谈谈在旅行中所遇到的几件事吧。

(2)这次要讨论的,正是大家所感兴趣的人口问题。

2."所+动词"作定语时,在不影响表达的情况下,被修饰的名词常常可以省略。"所+动词"可以作为一个名词使用,如"所想"(想的问题)、"所做"(做的事情)、"所见"(见到的东西)。

例如:

(3)你所想到的,经理早就想到了。

(4)就业问题,是每个毕业生所关心的。

上面句中,口语里可以不用"所",意思相同,但表达效果不一样,使用"所"字结构可以使语义表达更加流畅。

3."所+动词"后面可以不加"的",代替名词。

例如:

据我所知　众所周知　综上所述　大势所趋　各取所需　各尽所能

四、水资源日趋**贫乏**/首先是农业资源**匮乏**制约了未来农业的增长

"贫乏"和"匮乏"是近义词,都是表示"少、不够"的意思。"贫乏"是形容词,可以表示贫穷的意思,如"家境贫乏",可以表示缺少、不丰富的意思,主语通常为抽象事物,如经验、内容、知识等,也可用于某些具体事物,如资源、物产等;"匮乏"是动词,用于具体事物,多指物资方面,用于书面语。

例如:

(1)由于物资匮乏,当地居民的生活很艰难。

（2）这一地区森林资源匮乏，木材全靠进口。

（3）对于刚毕业的学生来讲，经验贫乏是他们走向职场的第一个问题。

（4）词汇贫乏是无法写出好文章的。

五、农民通过追加农家肥、草木灰等来**保持**土地可持续的肥力 / 不得不通过大量施用无机化肥的办法来**维持**农业生产的高产量

"维持"，近义词是"保持"，两个词都是动词，都有保住原来的样子，使不改变的意思。但语义侧重点和搭配习惯不一样。区别如下：

"维持"强调在一定限度和时间内使原样不完全改变，常常和"生活、生命、现状、秩序、治安、局面"等词搭配，所维持的状态一般已不是最好的状态；"保持"强调长时间保住原状，不使事物因时间延续而消失或减弱，常和"水平、传统、健康、卫生、荣誉、传统、联系、热情"等表示积极意义的词搭配。

例如：

（1）她的工资，仅够维持自己一个人的生活。

（2）这家企业经营状况非常差，很难维持下去了。

（3）长期以来，两公司一直保持着良好的合作关系。

（4）今年，我国保险业务保持着快速发展的势头。

六、但它的弊病也**不容**小觑

"不容"，动词，意思是不许、不让，强调态度坚决。后面可以接双音节动词，组成"不容否定"、"不容怀疑"、"不容忽视"、"不容侵犯"等词组，也可以接小句。

例如：

（1）这支队伍的实力不容低估。

（2）这是在调查研究的基础上得出的结论，不容怀疑。

（3）环境保护是一个不容忽视的问题。

（4）他不容大家讨论，就把计划报上去了。

七、农产品产量的提高对农民收入的增长贡献**甚**微

"甚",文言副词,表示程度高,用法与"很"相似,一般只用于书面语中。如果"甚"的后面接双音节形容词,"甚"常与"是"、"为"等连用,构成"甚是"、"甚为"等格式。

例如:

(1)现实的情况,与他们所想象的相差甚远。

(2)今年计划的完成情况甚好。

(3)我们已经调动了一切可能的因素以扩大市场,但是收效甚微。

(4)他做题的速度很快,可是不甚仔细,经常出错。

八、同时实现农民实际收入的**显著**提高

"显著",形容词,非常明显的意思。近义词是"明显"。两个词都是形容词,都有清楚地显出来,容易让人看到或感觉到的意思。区别如下:

1."明显"的运用范围比"显著"广,可以指事业的一定成绩,容易显露的事物,也指目标、字迹等清楚、明白;"显著"常常用于成绩、变化等积极方面,在程度上比"明显"更深。形容目标、事实等很清楚,不能用"显著","显著"也不能和"意见"、"例子"等搭配。

2.两个词都可以在句中作定语、谓语和状语,"明显"还可以作补语,"显著"不能作补语。

3."明显"可以受程度副词"很"、"非常"、"十分"等的修饰,放在句子的开头。

例如:

(1)他在科研方面取得了明显/显著的成绩。

(2)改革以后,工作效率明显/显著提高了。

(3)事情已经很明显,我们总经理不同意与你合作。

（4）目前快餐的价格与人们的收入相比，"价格低廉"体现得不够明显。

（5）很明显，大家对厂长有意见。

九、促进农民**充分**就业／农田得不到**充足**的灌溉

"充分"与"充足"是近义词，两个词都是形容词，都有"足够"的意思。"充分"一般用于抽象的事物，如"信心、理由、准备"等，"充分"还有"达到最大限度"的意思；"充足"既可以用于抽象事物，如"理由"，也可以用于比较具体的事物，如"资金、经费、光线、水分"等。

例如：

（1）我们有充分的信心完成这个任务。

（2）你的理由不充分／充足，经理不会让你休假的。

（3）只要有了充足的经费，这个项目马上开工。

（4）我们应该充分利用现有的条件，发展蔬菜种植业。

（5）在安排毕业生就业的工作中，市场机制的作用发挥得很充分。

一、根据课文内容判断下列句子的对错，并在括号内画"√"或"×"。

（　　）1. 现在，中国的农村人口占人口总数的一半以上。

（　　）2. 1994年以前，中国农村居民的年收入不到1000元。

（　　）3. 中国的农业资源总量很少，因此人均占有量低于世界平均水平。

（　　）4. 资源匮乏对中国农业增长的影响将会越来越严重。

（　　）5. 为了使产量提高，农民大量施用无机肥。

（　　）6. 规模化养殖会带来很多弊病。

(　　)7. 动物保护主义者反对传统的畜牧业。

(　　)8. 学者的研究证明，农产品产量提高，可以显著增加农民收入。

二、给下列句中画线的部分选择合适的义项。

枯竭

A. 形容词，（水源）没有水或水很少

B. 形容词，体力、财力等用尽

(　　)1. 山间的泉水，永远不会<u>枯竭</u>。

(　　)2. 公司目前人才<u>枯竭</u>。

(　　)3. 他的思路<u>枯竭</u>，近几年没什么有影响的作品。

限制

A. 名词，规定的范围

B. 动词，规定范围，不许超过

(　　)1. 不久前教育部取消了对考生年龄的<u>限制</u>。

(　　)2. 这次作文没有字数<u>限制</u>。

(　　)3. 对孩子的课外活动，不要<u>限制</u>得太严。

(　　)4. 优越的海洋环境<u>限制</u>了生物向高级的方向发展。

缓解

A. 动词，剧烈、紧张的程度有所减轻

B. 动词，使减轻、好转

(　　)1. 服药后疼痛的症状有所<u>缓解</u>。

(　　)2. 机动车限行，<u>缓解</u>了城市交通拥堵状况。

(　　)3. 这场降水<u>缓解</u>了本地的旱情。

(　　)4. 一场音乐会，让她紧张的心情得以<u>缓解</u>。

冷落

A. 形容词，冷清，人很少

B. 动词，对人冷淡，不热情

(　　) 1. 市场上冷落空旷，几乎见不到顾客。

(　　) 2. 你快陪客人说说话，别冷落了人家。

(　　) 3. 最近股市下跌，交易大厅门庭冷落，连外面停的车都少了。

三、选词填空。

突破　　急剧　　约束　　暴发　　有目共睹　　不容小觑

发掘　　致使　　盲目　　和谐　　举世瞩目　　岌岌可危

1. _____地扩大投资，使公司的经营陷入困境。

2. 他们的处境_____，我们赶快去救援。

3. 他拥有一个_____的家庭，生活非常幸福。

4. 去年我国的外贸出口_____3000亿元。

5. 由于经营不善，_____企业连年亏损。

6. 教师要注意_____学生的发展潜力。

7. 奥运会是_____的体育赛事。

8. 这支球队刚刚战胜去年的冠军，实力_____。

9. 孩子放了学就去玩电子游戏，家长该_____他一下。

10. 那年春天_____了一场流感。

11. 20世纪60年代，中国的人口数量_____上升。

12. 这场球赛中，球员们水平的提高是_____的。

四、辨析下列近义词，并选择填空。

达到—到达　　成就—成绩　　匮乏—贫乏　　维持—保持

显著—明显　　充分—充足

1. 在现代社会，知识_____的人，很难成功。

2. 这个地区自然资源_____，限制了经济的发展。

3. 有了_____的水分，植物才能生长。

4. _____公共场所的卫生，是每个人的义务。

5. 在航天领域，中国取得了举世瞩目的_____。

6. 这个公司仅仅能够_____现状，很难有什么发展。

7. 你_____酒店后，马上给家里打个电话。

8. 为了_____利用水利资源，他们在那里修建了一座水电站。

9. 我们要努力使产品质量_____国际先进水平。

10. 小李这次的_____在班里排第一。

11. 很_____，大家都不赞同你的建议。

12. 改革管理制度后，工作效率_____提高了。

五、用指定的词完成句子。

1. 既然大家要我讲，_____。（所+动词）

2. 我们的发展计划是_____。（立足）

3. 由于决策错误，_____。（致使）

4. 这项工作很重要，_____。（予以）

5. 虽然我们尽了最大努力，_____。（甚微）

6. _____，最重要的是要抓住机遇。（对……而言）

7. 受到金融危机影响，_____。（急剧）

六、按照适当的顺序排列下面的句子。

A. 美国每年的投资高达几百亿美元。

B. 而生物工程在农业方面的研究与运用，将决定着未来农业的发展方向，这绝不是危言。

C. 它以高投入、高风险、高回报当之无愧地被称为高科技。

D. 生物工程，自从它诞生以来，就吸引着世人。

E. 世界各国都在加大这方面的投入。

_____

七、综合填空。

从世界范围来说，中国的农业问题_____是中国的，_____是世界的。_____世界上没有人能够养活中国，中国政府和中国人民也完全有信心和能力解决自己的吃饭穿衣问题，_____随着世界经济一体化进程的加快，国家与国家、地区与地区之间经济互补性和依赖性增强，中国农业对国际粮食市场的价格影响会越来越_____。可以说，未来世界，没有任何一个国家的农业会像中国这样对世界经济如此重要。_____，从某种意义上说，国际社会关注中国农业实际上也是关注自身的生存与发展。

A. 因此　　B. 虽然　　C. 不仅　　D. 但是　　E. 也　　F. 明显

八、课后小组讨论，从以下两个题目中选择一个，写一篇300字左右的小短文。

1. 总结一下中国农业取得的成就与面临的挑战。

2. 介绍一下你们国家农业的发展情况。

Lesson 7

人天生到底是好人还是坏人？对这个问题，中外历史上有很多争论，但在经济学家看来，这种争论没有什么意义。因为他们认为，制度的设立要服从人的本性，而不是力图改变这种本性。如果只有人伤人、人害人才能实现利己，人就比野兽还坏。如果只有人为人、人帮人才能实现利己，人就比天使还要好。

第七课
经济学家眼中的"好人"与"坏人"

课 文

1770年，库克船长带领船队来到澳洲，**随即**英国政府宣布澳洲为自己的**领地**，开发澳洲的事业开始了。英国政府把判了刑的**罪犯**向澳洲运送，这样既解决了英国**监狱人满为患**的问题，又给澳洲送去了劳动力。

运送罪犯的工作由英国私人船主**承包**。开始时私人船主提供的条件很差，船上拥挤不堪，**营养**与卫生条件极差，罪犯死亡率很高。据英国历史学家查理·巴特森的《犯人船》一书记载，1790年到1792年间，私人船主运送犯人到澳洲的26艘船共4080名犯人，死亡498人，平均死亡率为12%。其中一艘名为海神号的船，420个犯人死了158个，死亡率高达37%。这么高的死亡率不仅经济上损失巨大，而且在道义上也引起社会强烈的**谴责**。如何解决这个问题呢？

一种做法是进行道德**说教**，让私人船主良心发现，不图私利，为罪犯创造更好的条件。一句话，依靠人性的改善。

中外历史上都有人性善还是恶的争论，但在经济学家看来，这种争论没有什么意义。他们认为，人性只能用制度引导，而不能靠说教改变。在人们为了300%的**利润**而敢上**断头台**的年代里，**企图**以说教来改变人性，无异于**缘木求鱼**。私人船主敢于**乘风破浪**，冒死亡的**风险**把罪犯送往澳洲是为了**暴利**。因此他们尽量多装人，给最坏的饮食条件，以降低**成本**增加利润。而且，私人船主之间也存在竞争，大家都拼命压低成本，谁要大发善心，恐怕在激烈的竞争中就无法生存下去。在这种情况下，要把运送罪犯死亡率的下降寄希望于人的善良是不可能的。经济学家解决一切问题的出发点永远都是承认人性，而不是改善人性。

另一种做法是由政府进行**干预**，强迫私人船主富有人性地做事，也就是由政府以法律的形式规定最低饮食和医疗标准，并由政府派官员到船上负责**监督**实施这些规定。

市场经济应该有**秩序**，这种正常秩序的建立离不开政府的干预，离不开**立法**

第七课 经济学家眼中的"好人"与"坏人"

和**执法**。但政府的干预也不是万能的。这种做法成本很高，要派官员到运送罪犯的船上去执法，当然是一件苦**差事**，不给**高薪**没人肯干。但有了这些官员，罪犯的待遇问题就能解决吗？政府又如何去监督船上的官员**秉公执法**呢？即使派了监督官员的官员，这些官员也是人，谁能保证他们能秉公执法呢？

其实当时既没有乞求船主们发善心，也没有派什么官员，而是找到了一种简单易行的制度：政府不按上船时运送的罪犯人数付费，而按下船时实际到达澳洲的罪犯人数付费。当按上船时的人数付费时，船主拼命多装人，而且不给罪犯吃饱，把省下来的食物在澳洲卖掉再赚一笔，因为有多少人能活着到澳洲与船主无关。当按实际到达澳洲的人数付费时，装多少人与船主无关，能到多少人才**至关重要**。要多给每个罪犯一点生活空间，要**想方设法**保证他们在长时间的海上生活后仍然能活下来，要让他们吃饱，还要**配备**医生，带点常用药。罪犯是船主的**财源**，当然不能**虐待**了，这正如牧羊人不会虐待自己的羊一样。

据《犯人船》一书介绍，这种按到澳洲人数付费的制度**实施**后，效果**立竿见影**。1793 年，3 艘船到达澳洲，这是第一次按从船上走下来的人数支付运费。在 442 个犯人中，只有 1 人死于途中。以后这种制度普遍实行，政府按到澳洲的罪犯人数和他们的健康状况支付费用，甚至还有奖金。这样，运往澳洲的罪犯的死亡率下降到了 1% ~ 0.5%。

私人船主的人性没变，政府也不用立法或监督，只是改变一下付费制度，一切就都解决了，这正是经济学家强调制度的原因。

哈耶克曾经说过，一种坏的制度会使好人做坏事，而一种好的制度会使坏人做好事。制度并不是要改变人利己的本性，而是要引导人做有利于社会的事情。制度的设计要**顺从**人的本性，而不是**力图**改变这种本性。"江山易改，本性难移"，人性是无法改变的——无论是面对最有**煽动**性的说教，还是面对最**严酷**的法律。人的本性没有好坏善恶，关键在于用什么制度去引导。如果只有人伤人、人害人才能实现利己，人就比野兽还要坏。如果只有人为人、人帮人才能实现利己，人就比**天使**还要好。要建立一个美好的社会，不能完全依靠人性的改善，而要靠一套把利己变为有利于社会的制度。

但制度并不是**十全十美**的。在很多情况下，制度在引起满意结果的同时，也会引起不满意的结果。例如，美国制定汽车必须装安全带的制度是为了减少**车祸**伤亡的，但有安全带保护使司机把车开得更快，事故反而增多，司机因为有安全带保护，伤亡减少了，路人伤亡却增加了。又如，以论文数量考核教师也使一些教师盲目追求论文数量，甚至**剽窃**别人的文章。一些出发点好的制度引起不良后果的事在现实中并不少见，这正是用制度引导与规范人们行为的困难所在。

有三种方法可以引导人的行为：道德说教、政府干预和制度规范。这三种方法都有各自不同的作用，但也有各自的局限性。道德说教依靠对人性的改善，缺乏约束力。政府干预**代价**高，干预过多会妨碍个人自由。制度尽管也会引起不满意的结果，但与其他两种方法相比还是最有效的，这正是经济学家强调制度的原因。关键是设计出满意结果最大、不满意结果最小的制度，并且在实践的过程中不断改进和完善这些制度。

生词

随即	suí jí	副词	随后就，立刻 近义词：立即
领地	lǐng dì	名词	所占有的土地 近义词：领土
罪犯	zuì fàn	名词	有犯罪行为、正在依法被执行刑罚的人 近义词：犯人
监狱	jiān yù	名词	关押犯人（罪犯）的地方，也叫监牢

第七课 经济学家眼中的"好人"与"坏人"

人满为患	rén mǎn wéi huàn		形容人多得让人忧虑
承包	chéng bāo	动词	接受工程、订货或其他生产经营活动并负责完成，contracting
营养	yíng yǎng	名词	人、动物、植物等生长发育所需要的养分，nutrition，nourishment
谴责	qiǎn zé	动词	严厉责备，严正斥责 近义词：斥责，指责
说教	shuō jiào	动词	比喻脱离实际地、生硬地空谈道理、理论
利润	lì rùn	名词	经营工商业等赚的钱，profit
断头台	duàn tóu tái	名词	执行斩刑的台子，台上有装在木架上可以升降的铡刀，用来切断人的脖子。现在多用于比喻，the guillotine
企图	qǐ tú	动词	图谋，打算（多含贬义）
缘木求鱼	yuán mù qiú yú		爬到树上去找鱼，比喻方法、方向不对，不可能达到目的
乘风破浪	chéng fēng pò làng		船趁着风势，破浪前进。比喻不畏艰险，奋勇向前
风险	fēng xiǎn	名词	可能发生的危险，risk
暴利	bào lì	名词	短时间内非法获得的巨额利润
成本	chéng běn	名词	产品在生产和流通过程中所需的全部费用
干预	gān yù	动词	参与、过问（别人的事） 近义词：干涉
监督	jiān dū	动词	察看并督促 近义词：监视

秩序	zhì xù	名词	事物整齐地组合在一起的状况，order
			近义词：次序
立法	lì fǎ	动词	制定法律
执法	zhí fǎ	动词	执行法律、法令
差事	chāi shi	名词	被派去做的事情
高薪	gāo xīn	名词	高额的薪金
			反义词：低薪
秉公	bǐng gōng	动词	依照公认的道理或公平的标准
至关重要	zhì guān zhòng yào		极为重要
想方设法	xiǎng fāng shè fǎ		积极动脑筋，想办法
配备	pèi bèi	动词	根据需要分配（人力、物力等）
财源	cái yuán	名词	钱财的来源
虐待	nüè dài	动词	用残暴狠毒的手段对待
实施	shí shī	动词	实行（法令、政策等）
			近义词：施行，实行
立竿见影	lì gān jiàn yǐng		在阳光下竖起竹竿，立刻可以看到它的影子，比喻效果很快，很明显
顺从	shùn cóng	动词	依从，不违背，不反抗
			反义词：违背
力图	lì tú	动词	极力谋求，竭力打算
煽动	shān dòng	动词	鼓动（别人去做坏事）
严酷	yán kù	形容词	严厉，冷酷，残酷
			近义词：严峻
天使	tiān shǐ	名词	犹太教、基督教、伊斯兰教等指神的使者
十全十美	shí quán shí měi		各方面都非常完美，毫无缺陷

车祸	chē huò	名词	行车（多指汽车）时发生的人员伤亡事故
剽窃	piāo qiè	动词	将别人作品的全部或一部分，原样照搬或改头换面后，作为自己的作品发表，是一种侵权行为，plagiary
代价	dài jià	名词	为达到某种目的耗费的物力或精力

注 释

一、**随即**英国政府宣布澳洲为自己的领地

"随即"，副词，表示紧跟着就发生，立即的意思，多修饰动词、动词短语。

例如：

（1）我邀请杰克来北京旅游，他考虑了一下，随即答应了。

（2）你们先走，我随即动身。

（3）他进入了房间，随即把门锁上了。

"随即"也可以修饰主谓短语、形容词短语。

例如：

（4）玛丽拉上厚厚的窗帘，房间里随即暗了下来。

（5）孩子们跑进房间，饭桌上随即热闹起来。

（6）听到这个消息，他先是一阵大哭，随即冷静下来。

二、船上拥挤**不堪**

这里的"不堪"是形容词，表示程度深，多用于书面语。"不堪"作形容词时，只在少数表示消极意义的双音节形容词后作补语。

例如：

（1）他以前就住在那座破旧不堪的房子里。

（2）辛苦经营十几年的工厂倒闭了，老板痛苦不堪。

（3）劳累了一天的父亲疲惫不堪地回到了家里。

（4）那位主持人在台上摔倒了，他感到狼狈不堪。

（5）由于没人管理，那个集市混乱不堪。

（6）那天报名的人非常多，大厅里拥挤不堪。

这种形式相当于形容词加"极了"。

例如：

（7）我脑子里混乱极了。

（8）他心里痛苦极了。

但"极了"用于口语，使用没有限制。"不堪"多用于书面语。另外，"不堪"还可以作动词，有两个意思，一是"承受不住"，二是"不能（多用于不好或不愉快的方面）"。

例如：

（9）由于对手不堪一击，中国队很快赢得了比赛的胜利。

（10）儿子生病一年多了，看病花了不少钱，他已经不堪重负了。

（11）那是一段不堪回首的日子。

（12）不堪忍受丈夫的打骂，妻子离家出走了。

（13）幸好那场火灾被及时扑灭了，否则后果不堪设想。

（14）他的房间那么脏，真有点不堪入目。

三、而且在道义上也引起社会强烈的**谴责**

"谴责"的近义词是"斥责"、"指责"，三个词都是动词。"谴责"指严厉责备，严正申斥；"斥责"指用最严厉的言语指出别人的错误或罪行；"指责"指挑出错误，加以批评。它们的区别在于：

1."谴责"、"斥责"侧重在严厉揭露和批驳错误或罪行，语意较重；"指责"侧重在指出并批评错误，语意较轻。

2."谴责"、"指责"多用于庄重的场合，可用在国家、政府、个人之间，采用书面或口头的形式；"斥责"多用于一般场合，人与人之间，采用口头的形式。与"斥责"和"指责"相比，"谴责"的书面色彩更浓。

3."斥责"的常见搭配主要有：当面斥责、当众斥责、厉声斥责、大声斥责。"谴责"的常见搭配主要有：强烈谴责、表示谴责、舆论谴责、共同谴责。

例如：

（1）那场侵略战争遭到了世界各国人民的共同谴责。

（2）很多专家发表声明谴责有些药品广告弄虚作假、不负责任。

（3）母亲生气地大声斥责自己逃学的孩子。

（4）他做错了事，上司在会议上当众斥责了他，所以他辞职了。

（5）这个运动员在比赛中输了球还偷着笑，受到了球迷们的指责。

（6）无故受到大家的指责，她委屈极了。

四、让私人船主**良心**发现／要把运送罪犯死亡率的下降寄希望于人的**善良**是毫无用处的／谁要大发**善心**

"良心"，名词，指内心对是非善恶的正确认识（特指跟自己的行为有关的认识）。常见搭配有：凭良心、讲良心、有／没良心、良心话；违背良心、对得起良心、良心上过得去；受良心谴责、良心哪里去了、良心发现等。"善良"，形容词，指心地纯洁，没有恶意。常见搭配有：心地善良、勤劳善良等。"善心"，名词，指善良的心，好心肠。常见搭配有：发善心、一片善心等。

例如：

（1）说句良心话，我真的不喜欢他。

（2）凭良心讲，大家对他的态度是不公正的。

（3）那个小偷偷了大笔现金后良心发现，主动到派出所投案自首了。

（4）做任何事情都不能违背自己的良心。

（5）李明平时很小气，那天他大发善心，借给了我一百块钱。

（6）对于他的一片善心，我至今仍然很感动。

（7）他想娶一位心地善良的女孩做妻子。

（8）我的父母都是勤劳善良的农民。

五、中外历史上都有**人性善还是恶**的争论

中国哲学传统中有性善论与性恶论之争，哲学家孟子主张性善，另一位哲学家荀子主张性恶。孟子认为，人性中生来就具有"仁、义、礼、智"等美德的萌芽。人性中有了善的萌芽，再进行礼义方面的教化，对这个萌芽加以培养，就可以使人向着善的方向发展，人就可以成为善人，所以人的本性是善的。荀子认为，人的先天本性是恶的，只有通过后天的教育和主观上的努力学习，才能把恶的本性变为善的道德品质。

在西方基督教哲学中也有性善论与性恶论之争，基督教思想家奥古斯丁主张人性本来是善的，因为上帝所造的一切都是好的，但由于人犯了原罪，堕落而变恶，因而现实的人性是恶的。贝拉基主义和半贝拉基主义派是性善论者，他们主张人性中始终存在善的源头，应通过自由意志的努力把它发扬光大。

六、企图以说教来改变人性，**无异于**缘木求鱼

"无异于"意思是"跟……没有差异（不同）"，其中"于"表示比较，后面可以加名词短语、动词短语。

例如：

（1）他那高兴的样子，无异于中了五百万大奖。

（2）天天抽烟无异于慢性自杀。

（3）树立品牌形象无异于第二次创业。

（4）他只有一个孩子，抢走了这个孩子无异于要了他的命。

（5）这里丰富的资源无异于一座巨大的宝库。

（6）三年前那场大病，对她来说，无异于一场噩梦。

表示比较时，像"无异于"这样的词还有"接近于"、"不同于"、"等同于"、"类似于"、"有别于"、"近似于、"相当于"等。

例如：

（1）她这几天接近于疯狂地工作。

（2）现在的中国已经不同于以前的中国，各个方面都发生了很大的变化。

（3）你不能把自己等同于一般的平民百姓。

（4）那家工厂今年一个月的产量相当于去年一年的产量。

（5）有别于传统的女性，母亲是个事业心特别强的女人。

（6）他现在做的工作类似于秘书的工作。

七、另一种做法是由政府进行**干预**

"干预"，指参与、过问（别人的事），它的近义词是"干涉"。"干涉"，指过问或制止，多指不该管而硬管。两个词都是动词，都表示过问别人的事，有时可以换用。区别在于：

1."干涉"侧重强调过问或制止，把自己的意图强加于人，语意较重，是贬义词；"干预"指一般的过问或参与，可能给对方施加一定的影响，语意较轻，是中性词。

2."干涉"的对象可以是人或事，可以带人称代词宾语；"干预"的对象一般是事。

例如：

（1）暴力干涉老年人再婚是不合法的行为。

（2）你和朋友们正常交往，父母不干涉你。

（3）我们经常见到这样的现象：父母干涉越多，恋人们相爱就越深。

（4）政府将对餐饮业实行价格干预。

（5）人工降雨是人类干预天气的一种方式。

（6）联合国安理会干预了这个地区的冲突。

八、市场经济应该有**秩序**

"秩序"，指事物整齐地组合在一起的状况，它的近义词是"次序"，指事物在空间或时间上排列的先后。两词的区别在于：

1. "秩序"是就事物的整齐状况说的，侧重的是整齐有序，不混乱；"次序"是就事物在空间或时间上的排列说的，侧重于排列上有先后顺序，不倒不错。

2. "秩序"意义范围较大，除了整齐有序，还可以指场面安静，局面稳定等；"次序"意义范围较小，只指依照时间、空间或重要性排列的先后顺序。

3. "秩序"的常见搭配有：稳定秩序、遵守秩序、维持秩序、社会秩序、公共秩序、市场秩序等；"次序"的常见搭配有：按照次序、排次序、颠倒次序、前后次序、排名次序等。

例如：

（1）整顿市场秩序对中国经济的发展很重要。

（2）人们都自觉地排队等候，秩序良好。

（3）每个公民都应该自觉遵守公共秩序。

（4）这些文章的先后次序乱了，你重新排一下吧。

（5）从出场次序可以看出球员的地位。

（6）他用汉语数数的时候，总是把三和四的次序弄颠倒。

九、**江山易改，本性难移**

这个短语也可以说成"江山易改，禀性难移"、"江山好改，本性难移"、"江山好改，禀性难移"，意思一样，指山河自然的面貌比较容易改换，而人的天赋本性是极难转变的。强调人的性格一旦形成，就很难改变它。

例如：

（1）她虽然知道"江山易改，本性难移"，但还是希望她的丈夫能变得大方一点。

（2）这么多年没见到他，一见面，他还是那么喜欢吹牛，真应了那句老话，"江山易改，本性难移"。

（3）她知道总发脾气不好，可是"江山易改，本性难移"，这不，她又开始向她的男朋友发火了。

（4）他做老板的时候，喜欢命令别人，现在不做老板了，还是喜欢命令别人，真是"江山易改，本性难移"啊。

十、无论是最具有煽动性的说教，还是最**严酷**的法律

"严酷"的近义词是"严峻"。"严酷"指严厉、残酷、冷酷；"严峻"指严厉、严重。他们都是形容词，区别在于：

1. "严酷"除了有"特别厉害"的意思外，还有残酷、冷酷的意思，贬义色彩较浓。

2. "严酷"多形容局势、处境等。常用搭配有：严酷的自然条件、严酷的现实、严酷的环境等；"严峻"多形容态度、神色、目光、考验、斗争、形势等。常用搭配有：严峻的形势、严峻的挑战、严峻的考验、严峻的神情等。

例如：

（1）那个黑社会头子对手下的人非常严酷。

（2）严酷的冬天来临了。

（3）长城是在中国古代严酷的自然条件下建造起来的。

（4）他讲话的时候，表情很严峻。

（5）他和女朋友同甘共苦，他们的爱情经历过严峻的考验。

（6）今年又有六百万大学毕业生要找工作，就业形势十分严峻。

十一、这正是用制度引导与**规范**人们行为的困难所在

这里的"规范"是动词,是"使符合标准"的意思。

例如:

(1)要用大学生守则来规范大学生们的行为。

(2)许多专家呼吁用强制手段规范汉字的读音和写法。

"规范"还可以作名词和形容词,作名词时,指长期以来形成的或明文规定的标准。

例如:

(3)许多道德规范是人们必须遵守的。

(4)在大多数国家,同性恋是违背社会规范的。

作形容词时,指符合标准的。

例如:

(5)很多留学生的汉语发音不规范。

(6)她跳芭蕾舞的姿势太不规范了。

一、根据课文判断下面句子的对错,并在括号内画"√"或"×"。

(　　)1. 英国开发澳洲的事业开始于1770年。

(　　)2. 英国私人船主运送罪犯到澳洲时,罪犯的平均死亡率高达37%。

(　　)3. 经济学家认为,私人船主虐待罪犯说明人性是恶的。

(　　)4. 政府按上船时运送罪犯的人数付费时,罪犯的死亡率很高。

（　　）5. 私人船主不再虐待罪犯，是因为他们良心发现了。

（　　）6. 作者认为，在引导人行为的三种方式中，制度规范是最有效的。

（　　）7. 经济学家认为说教对于人性的改变毫无用处。

（　　）8. 哈耶克认为，要建立一个美好的社会，只能依靠一套把利己变为有利于社会的制度。

（　　）9. 汽车必须装安全带的制度在美国实施后，事故减少了，路人的伤亡也减少了。

（　　）10. 制度的规范并不是十全十美的，因为人们不容易找到满意效果最大、不满意效果最小的制度。

二、给下列句子中画线的部分选择合适的义项。

规范

A. 名词，长期以来逐渐形成的或明文规定的标准

B. 形容词，符合标准的

C. 动词，使符合标准

（　　）1. 请使用<u>规范</u>的汉字。

（　　）2. 目前，我国的食品市场还欠<u>规范</u>。

（　　）3. 对于那些违反社会<u>规范</u>的行为，人们往往不能理解。

（　　）4. 这个词的用法不太<u>规范</u>。

完善

A. 形容词，完备而且良好

B. 动词，使完善

（　　）1. 任何制度都有一个<u>完善</u>的过程。

（　　）2. 新政府的各项措施都很<u>完善</u>。

(　　）3. 希望你们完善地解决这个问题。

(　　）4. 政府正在积极完善人才管理制度。

关键

A. 名词，紧要部分，起决定作用的因素

B. 形容词，最紧要的

(　　）1. 关键问题是如何让孩子喜欢去幼儿园。

(　　）2. 问题的关键在于你态度的转变。

(　　）3. 提高产品质量是赢得更多客户的关键。

(　　）4. 能不能考上大学，学习成绩好很重要，临场发挥也很关键。

三、用下列词语选择填空。

缘木求鱼　　乘风破浪　　人满为患　　企图　　至关重要

虐待　　想方设法　　立竿见影　　十全十美　　剽窃

1. 任何人都有缺点，世界上没有一个人是_____的。

2. 我们要_____克服学习中的困难。

3. 丈夫_____妻子，所以妻子和他离婚了。

4. 每年夏天，大连海边都是_____。

5. 这样做简直就是_____，根本不可能达到目的。

6. 罪犯_____逃跑，被看守人员发现了。

7. 他的论文被人_____了，他很气愤。

8. 划船比赛开始了，几十只船_____，箭一般向前划去。

9. 保证产品质量对每一个公司都是_____的。

10. 那个女孩吃了减肥药后_____，一下子瘦了五公斤。

四、辨析下列近义词并选择填空。

谴责—斥责—指责　　严酷—严峻

干预—干涉　　秩序—次序

1. 他的做法受到大家的一致_____。
2. 今天发言的_____，先从小李开始，然后是老王和老刘。
3. 那个年轻人愤怒地_____了不法分子的丑恶行径。
4. 学生应该遵守课堂_____。
5. 出了问题要勇于承担责任，不要互相_____。
6. 互不_____别国内政，是最基本的国际关系准则。
7. 这是他们兄弟之间的事情，外人不便_____。
8. 形势越是_____，我们就越要有必胜的信心。
9. _____的天气给行人带来了很大的不便。

五、模仿下列句子，用括号里的词语造句。

1. 其实当时既没有乞求船主们发善心，也没有派什么官员，而是找到了一种简单易行的制度。（既……也……而是……）
2. 在经济学家看来，这种争论没有什么意义。（在……看来……）
3. 在人们为了300%的利润而敢上断头台的时代里，企图以说教来改变人性，无异于缘木求鱼。（无异于……）
4. 如何去监督船上的官员秉公执法呢？即使派了监督的官员，这些官员也是人，谁能保证他们能秉公执法呢？（如何……即使……也……）
5. 人的本性没有好坏善恶，关键在于用什么制度去引导。（关键在于……）
6. 人性是无法改变的——无论是面对最有煽动性的说教，还是面对最严酷的法律。（无论是……还是……）

六、综合填空。

A. 既　　B. 也　　C. 对……来说　　D. 以及　　E. 还

_____企业发展_____，文化力是一种强大的内在力量。这里所讲的文化力，_____包括科技教育等智力因素，_____包括理想、理念、道德、价值观等种种精神力量，_____包括社会文化网络，_____现实生活中发挥作用的传统文化的力量。

七、按照适当顺序排列下面的句子。

A. 对于企业来说，就是要防止财务、会计、管理、投资等方面出现漏洞。

B. 说当一栋楼上的窗户有一扇破了，而且在一段时间内没有修复，就会给人一种无人管理的感觉。

C. 因此，这一理论要求尽量防止第一扇窗户被打破。

D. 否则，企业将难以维持。

E. 在经济学界有一个重要的理论叫"破窗理论"。

F. 那么，这栋楼的窗户就会接二连三地破下去，在无序和麻木不仁的情况下最终将楼不成楼。

八、你认为人的本性是善的还是恶的？为什么？请表达你的看法，字数在250～300字左右。

参考词语：良心　　善心　　江山易改，本性难移　　痛苦不堪　　规范　　随即　　在……看来　　即使……也

第七课 经济学家眼中的"好人"与"坏人"

Lesson 8

电影《英雄》是中国电影市场化运作的第一次大胆尝试。《英雄》摄制的三年,也是市场运作的三年,一切为了市场,一切紧跟市场,甚至引领市场,可以说是《英雄》的运作要诀。那么,《英雄》到底用了哪些具体的运作方法?运作的结果如何?它对中国电影的产业化产生了什么影响?请看下面的课文。

第八课

时势造《英雄》,《英雄》造时势

课文

不管是**褒**也罢，**贬**也罢，2002年年底和2003年年初的中国影坛，的确是《英雄》的天下。单看**街头巷尾铺天盖地**的广告、影院门前拥挤的人群、报纸网络上的**议论风生**就可见一斑。大投资、大制作，必然伴以大宣传，继而引起大轰动应当不会**出人意料**。只是影片的水平如何，还需要时间来检验。事实上，值得人们进一步思考的，倒不在影片本身，而在这部国产大片从**摄制**到**公映**过程中所引出的话题。

这就是"文化产业"的话题。"产业"是个时髦的词儿，教育、文化等部门在计划经济时代被定为"事业"单位，与"产业"挂不上钩，如今却都"产业"得红红火火。那么，"事业"和"产业"有什么区别呢？

"事业"重在"**教化**"，"产业"重在效益，当然首先是经济效益。有人作《论语》新解："三十而立"指交30元学费就可以站着听课；"四十而不惑"指交40元可以听到深一点的道理；"五十而知天命"指交50元可以听到老师讲"天命"；"六十而耳顺"指交60元可以只听顺耳的话；至于交70元学费呢，是"七十而**随心所欲**"，上课不上课就由你自己决定了。这类市场经济时代诞生的"向钱看"的笑话，也许可以作为"产业"二字的另类**注解**。应该知道，"没有钱是万万不能的"，经济实力壮大了，才有了办好"事业"的基础，才可以继续"做大做强"。经济效益和社会效益互为依托，互相促进，这应该是"产业"或"产业化"的正确解释。

有这么一个"产业化"的大背景，电影《英雄》可以说是时势所造。既然时势造就了这部国产大片，那它能否"反作用"于时势，也就是说，能否造就一番时势呢？

公映之前，《英雄》与国内各地影院签下的**保底分账**金额就达6000万元；12月20日"零点行动"的**上座率**超过了70%，仅从**票房**价值来看，《英雄》就让其他中外影片**黯然失色**。可以说，《英雄》已经造就了一番"时势"。然而，这部国产大片能否成为一个良好的开端，**引导**出大批值得人们花钱进影院的影片，扭转电影业的不景气现状，进而加快电影业乃至整个文化事业的产业化进程呢？

让一部电影去承载这样一项大任务，似乎太过分了。然而**综观**张艺谋的从影史，他是把改变电影业现状作为自己的奋斗目标的。从《红高粱》、《菊豆》、《秋菊打**官司**》到《英雄》，张艺谋一直**不懈**地追求"好看"，追求票房价值，这种追求的目的就是图发展。《英雄》3000万美元的大投入，冒的是大风险。有记者问张艺谋有没有想过可能会搞砸，他说："像这种电影，我觉得它砸的标准就是票房，关键是票房"，"说振兴中国电影，使观众多走进影院看电影，靠什么？导演其实很简单，就是说故事的，故事是不是讲得**绘声绘色**，情节是不是吸引观众，是一位导演首先要关注的"。"讲"好故事，获取票房，振兴电影，这就是大导演张艺谋的思维逻辑。

产业化的道路要求市场化的运作。电影《英雄》摄制的三年，也是市场运作的三年。它在宣传上采取**神龙见首不见尾**的策略，发行上则内外**并举**、大打"国际牌"。先是透露出巨额投资、全明星**阵容**等信息，但2001年8月一开机，就立刻**严令**全**剧组**保持沉默。2002年1月，电影中的四主角**剧照**上了美国《时代》杂志的封面，多方**刺探**影片拍摄内情而不得的国内媒体在**惊诧**之余，"自觉"地紧跟着"爆炒"了一番。4月，剧组又透露出"美国一电影发行公司以不低于1500万美元的价格**买断**了《英雄》在美国及欧美几国的**发行权**"的新闻。就这么偶尔露个"**一鳞半爪**"，媒体被吊足了胃口，通过媒体又吊起了观众的胃口，从而为票房做好了**铺垫**。加上公映前后在媒体上有意识的宣传，电影《英雄》的市场化运作取得了极大成功。

一切为了市场，一切紧跟市场甚至引领市场，可以说是《英雄》的运作**要诀**。其中受《卧虎藏龙》启迪的"全球"定位，**堪称**是要诀中的"眼"。中国加入WTO后，即使国内市场的竞争，也越来越多地带上了"全球"色彩。"抢美国人口中的肉"，在好莱坞的天下占据**一席之地**，是胆气，也是把中国电影产业做大做强的必修功课。

《英雄》已公映有日，尽管**众说纷纭**、**见仁见智**，但这正是它所期望的"**轰动效应**"。公映的最初三天国内票房就超过了5000万，创了中国电影的新高，VCD、DVD**版权**卖了个"天价"，加上国外发行权的出售，收回影片的制作成本已经不是问题，又获得了"金球奖"的**提名**，《英雄》可以说成功地走出了"**名利双收**"的第一步。接下来要做的便是进一步扩大影响，**激活**中国电影业。互联网上已经有了《英雄》的官方网站，同名电视连续剧《英雄》已在一些电视台播出，话剧《英雄》也已在北京上演，如果再推广开"英雄"电子游戏和玩具，实体加产品，**实体**集团加系列产品，那可真的要形成一个初具规模的"英雄"产业了。

对中国电影产业而言，《英雄》的**问世**无疑是一大佳音，它成为了中国电影产业化的一个新起点，但要造就一个兴旺发达的电影产业"时势"，则需要天下"英雄"的共同努力。

 生　词

褒	bāo	动词	赞扬、夸奖 反义词：贬
贬	biǎn	动词	指出缺点、给予不好的评价
街头巷尾	jiē tóu xiàng wěi		指大街小巷各处地方。也说"巷尾街头" 近义词：大街小巷
铺天盖地	pū tiān gài dì		充满整个天地，形容来势很猛，到处都是
议论风生	yì lùn fēng shēng		形容谈论广泛，生动而又风趣

第八课 时势造《英雄》，《英雄》造时势

出人意料	chū rén yì liào		事物的发展变化出乎人们的意料
			近义词：出人意表
			反义词：意料之中
摄制	shè zhì	动词	拍摄并制作（电影、电视等）
公映	gōng yìng	动词	（影片）公开放映
教化	jiào huà	动词	教育感化
随心所欲	suí xīn suǒ yù		由着自己的心思，想要干什么就干什么
			反义词：顾虑重重，瞻前顾后
注解	zhù jiě	名词	解释字句的文字
保底	bǎo dǐ	动词	保持底数（最低的基本数额）
分账	fēn zhàng	动词	按照一定比例分钱财
上座率	shàng zuò lǜ	名词	剧场(影院、音乐厅等)卖出的座位、饭馆里有顾客坐着的座位与全部座位的比率，the attendance rate
票房	piào fáng	名词	上演电影、戏剧等因卖票而获得的经济效益，也叫"票房收入"
黯然失色	àn rán shī sè		比喻相比之下很有差距，远远不如
			近义词：相形见绌
			反义词：不相上下
引导	yǐn dǎo	动词	带领
综观	zōng guān	动词	综合观察、总起来看
			近义词：纵观
官司	guān si	名词	诉讼，a lawsuit
不懈	bù xiè	形容词	不松劲

绘声绘色	huì shēng huì sè		形容叙述、描写生动逼真，也说"绘影绘声"、"绘声绘影" 近义词：栩栩如生 反义词：平淡无奇
神龙见首不见尾	shén lóng jiàn shǒu bù jiàn wěi		比喻行踪神秘，不露真相
并举	bìng jǔ	动词	不分先后，同时举办
阵容	zhèn róng	名词	比喻人员力量的配备（包含素质、水平、能力等）
严令	yán lìng	动词	严格、严厉地命令
剧组	jù zǔ	名词	为演出或拍摄某一出戏、某部电影、某部电视剧而组成的集体，包括导演、演员等，a theatrical unit
剧照	jù zhào	名词	戏剧中某个场面或电影、电视剧中某个镜头的照片，the still
刺探	cì tàn	动词	暗中打听 近义词：打听
惊诧	jīng chà	形容词	惊讶、诧异
爆炒	bào chǎo	动词	在一段时间内极力炒作
买断	mǎi duàn	动词	to buy-out 反义词：卖断
发行权	fā xíng quán	名词	the publishing right
一鳞半爪	yī lín bàn zhǎo		比喻零星片段的事物，也说"东鳞西爪"
铺垫	pū diàn	名词	陪衬、衬托（即将到来的事物或行动）

要诀	yào jué	名词	重要的诀窍
堪称	kān chēng	动词	可以称作，称得上
一席之地	yī xí zhī dì		比喻极小的一块地方或一个位置
众说纷纭	zhòng shuō fēn yún		人们的说法、议论又多又乱，很不一致 近义词：议论纷纷，见仁见智 反义词：异口同声，众口一词
见仁见智	jiàn rén jiàn zhì		对同一个问题各人有各人的见解
轰动效应	hōng dòng xiào yìng		引起社会各方面关注或惊叹的效果
版权	bǎn quán	名词	the copyright
提名	tí míng	动词	在评选前提出有当选可能的人员或作品的名字
名利双收	míng lì shuāng shōu		名誉地位和物质利益一起得到
激活	jī huó	动词	比喻刺激某事物，使活跃起来，使具有活力，activate
实体	shí tǐ	名词	实际存在的、起作用的组织或机构，substance, entity
问世	wèn shì	动词	著作、电影等出版、发行，come out, be published

注 释

一、时势造《英雄》,《英雄》造时势

　　汉语中有个惯用语，叫"时势造英雄，英雄造时势"。其中的"时势"，指某一时期的客观形势。"造"，指造就、产生。整个词的意思是说：时代的动荡多变

能给人显露才能的机会,造就出英雄人物,说明英雄人物是时代的产物。上面句子中的"英雄"是张艺谋2002年导演的一部影片的名字。课文作者认为,这部电影在时势——文化产业的大背景下进行了大胆的市场化运作,取得了初步的成功。所以借"时势造英雄,英雄造时势"一词的意思写出"时势造《英雄》,《英雄》造时势"的题目,表示电影《英雄》的市场化是文化产业化背景下的产物。

二、不管是褒**也罢**,贬**也罢**

"也罢"是结构助词,连用两个(或更多),表示在任何情况下都如此,不会改变。使用时放在句子末尾,常与上文中的"不管"、"无论"等和下文中的"都"、"也"、"总"等呼应。

例如:

(1)不管去也罢来也罢,不去也罢不来也罢,反正结果都一样,我们都要召开这次会议。

(2)无论美也罢,丑也罢,你把我画成什么样都没关系。

(3)聊天也罢,下棋也罢,什么都引不起他的兴趣。

(4)不管这次考试考得好也罢,坏也罢,反正已经考完了,结果也改不了了。

三、**继而**引起大轰动应当不会出人意料

"继而",副词,意思是紧接着,表示某种情况紧跟着前一种情况发生。它后面可以加动词(动词短语)、形容词和主谓短语。

例如:

(1)听了他的话,人们先是一惊,继而哄堂大笑。

(2)昨天天气不好,先是乌云密布,继而雷声大作,大雨倾盆而下。

(3)《英雄》这部电影在成功摄制以后,继而进行了成功的市场运作。

(4)被人偷了手机继而去偷别人的手机,这种做法不对。

两种情况有时存在程度上的递进。

例如：

（5）他不喜欢学习，开始时经常迟到，继而发展到不来教室上课。

（6）新产品如何在残酷的竞争中站住脚，继而脱颖而出呢？

四、值得人们进一步思考的，**倒不在**影片本身，**而在**这部国产大片从摄制到公映过程中所引出的话题

"倒不在……而在……"格式表示问题、原因、目的等不在某个方面，而在另一个方面，"在"表示在于。

例如：

（1）我喜欢她，倒不在她长得漂亮，而在她心地善良。

（2）这次考试没考好，主要问题倒不在题目有多难，而在我没有好好复习。

（3）他业余时间在一家公司兼职，倒不在赚多少钱，而在锻炼一下自己。

五、这就是"**文化产业**"的话题

文化产业，指从事文化产品生产和提供文化服务的经营性行业。文化产业一般是与公共文化事业相对应的概念。文化事业单位主要靠政府扶持、社会赞助，为公众提供公共文化服务；文化产业单位则主要面向市场，依法经营，自我积累，自我发展。文化产业是一个发展中的概念，其范围随着国家管理体制的改革和社会经济的发展而不断变化。从我国现实情况看，文化产业主要包括文艺演出业、影视业、音像业、文化娱乐业、文化旅游业、艺术培训业和艺术品业等。从国外情况看，文化产业的范围涵盖了文化艺术业、广播电视业、新闻出版业、信息网络服务业、教育业、旅游业、体育业、广告业、会展业、咨询业等。

六、与产业**挂不上钩**

"挂上钩"是一个惯用语，指用车钩把机车和车厢或是车厢和车厢连接起来，比喻彼此建立直接的联系。

例如：

（1）生产和销售挂不上钩，是某些企业亏损的原因之一。

（2）他的妻子的确与众不同，但绝对和漂亮美丽挂不上钩。

（3）2月14日这天，不管什么消费，只要与情人节挂上钩，价格必定翻上好几倍。

"挂钩"的反义词是"脱钩"，原意是脱开互相连接的挂钩，比喻失去原有的某种联系。

例如：

（4）火车行驶时，第六节车厢和第七节车厢脱了钩，出了一次大事故。

（5）他所在的大学已经和商务部脱钩了。

（6）效益好的分厂总想独立出去，但由于种种原因，就是和总厂脱不了钩。

七、事业重在"教化"，产业重在**效益**

"效益"，指功效和利益，由某种做法所获得的好处。它的近义词是"效果"、"功效"。三个词都是名词，都可表示作用和结果，它们的区别在于：

1. "效果"侧重指结果；"效益"侧重指利益；"功效"侧重指作用和功能。

2. "效果"适用范围很广，可用于各个方面；"效益"主要用于社会、经济方面，常见搭配为社会效益、经济效益；"功效"主要用于生产、生活、医疗卫生等方面。

例如：

（1）这堂课的教学效果非常好。

（2）医生给他用了最好的药，却没有什么效果。

（3）出版社不仅要重视经济效益，也要重视社会效益。

（4）自从实行了新的管理制度，工厂的效益明显提高了。

（5）他把机器改装了一下，使它提高功效的70%以上。

（6）大蒜、西红柿、绿茶有防癌、抗癌的功效。

八、进而加快电影业**乃至**整个文化事业的产业化进程呢

"乃至",连词,意思是甚至,书面语,用在并列成分最后一项的前边,表示该项是并列成分中最极端的,突出这一项,有进一层的意思。可以连接词或短语,也可以连接句子。

例如:

(1)他的父亲、爷爷、爷爷的父亲,乃至爷爷的爷爷,都只是乡下默默无闻的种田人。

(2)他的逝世,引起了全市乃至全国人民的哀悼。

(3)英国人、欧洲人乃至全世界的人都很关心2012年伦敦奥运会。

(4)广东已成为全国乃至全球最佳商品采购地之一。

(5)长城在中国、亚洲乃至世界都很有名。

九、先是**透露**出巨额投资、全明星阵容等信息

"透露"的近义词是"泄露",它们都是动词,都有露出的意思,区别在于:

1."透露"侧重表示主观上有意地显露;"泄露"侧重表示不该让人知道的事情让人知道了。

2."透露"多用于情况、神态和信息等;"泄露"多用于机密、秘密、消息等。

3."透露"可以重叠成"透露透露";"泄露"不能。

例如:

(1)为了报复总经理,他有意泄露了公司的秘密。

(2)市长竟然把国家机密泄露出去了。

(3)警惕网络泄露你的隐私。

(4)他向我透露了一点儿内部消息。

(5)听到这个消息,她眼神中透露出一丝欣喜。

(6)据权威人士透露,最近汽车价格会大幅下调。

十、通过媒体又吊起了观众的胃口，**从而**为票房做好了铺垫

"从而"，连词，意思是"因此就"，它连接的上文是原因、方法等，下文是结果、目的或进一步的行动等。

例如：

（1）那家工厂引进了先进的生产设备，从而大大提高了生产率。

（2）这种病毒可以通过呼吸进入人体，从而危害人的健康。

（3）在这次比赛中，北京队以10：0大胜广州队，从而获得了小组第一名。

（4）这里以前交通很不方便，后来开通了公交和地铁，从而解决了市民坐车难的问题。

十一、多方**刺探**影片拍摄内情而不得的国内媒体在惊诧之余

"刺探"，暗中打听。它的近义词是"打听"，指向有关的人探问消息、情况、意图等。两词都是动词，都有多方询问的意思。它们的区别主要有：

1."刺探"侧重在暗中了解，不能让对方知道，具有很强的秘密性；"打听"指从侧面询问、了解所要知道的情况，不具有秘密性。

2."刺探"的对象多是重大的、机密的情况，一般和竞争、军事斗争等有关，适用范围较小；"打听"的对象多是一般情况，适用范围较大。

3."刺探"多用于书面，可以作名词；"打听"多用于口语，可以重叠。

例如：

（1）情况到底怎样，你快去打听打听。

（2）哪里有便宜的房子出租，你打听到了吗？

（3）那家公司总是想方设法刺探竞争对手的商业机密。

（4）我们抓获了一名刺探情报的间谍。

十二、这类市场经济时代**诞生**的"向钱看"的笑话／《英雄》的**问世**无疑是一大佳音

"问世"，动词，指著作、电影等出版、发行；也指新产品等与世人见面。

例如：

（1）那本书问世以来，深受读者欢迎。

（2）一种新款红旗车日前在长春问世。

（3）世界上第一台电脑是1946年问世的。

"诞生"，动词，原指伟大的人出生（特别注意：这个词用于人时，只对别人，不对自己），也可比喻国家、政党、机构、组织等的建立，新事物的出现。可以加介词结构补充时间、地点，"问世"不可以。

例如：

（4）1949年10月1日，中华人民共和国诞生了。

（5）中国著名的小说《西游记》诞生于明代中后期。

（6）全球首对双胞胎大熊猫2007年在成都诞生。

 练 习

一、根据课文选择正确答案。

1. 电影《英雄》成了人们关注的热点，下面哪种现象不是这种关注的体现：_____

    A. 街上有关《英雄》的广告多了。

    B. 来影院看这部影片的人特别多。

    C. 有关《英雄》的电子游戏和玩具特别多。

    D. 报纸和网上有关《英雄》的议论特别多。

2. 下面哪种说法不属于《英雄》的特点：_____

    A. 大投资、大制作。

    B. 大宣传、大轰动。

C. 票房价值创了中国电影的新高。

D. 是改变中国电影不景气现状的大转折。

3. 下面哪种说法不属于《英雄》市场运作的内容：_____

　　A. 宣传上神龙见首不见尾。

　　B. 发行上内外并举、大打国际牌。

　　C. 电影四主角剧照上了美国《时代》杂志的封面。

　　D. 获得电影"金球奖"提名。

4. 根据课文，《英雄》的"全球"定位主要表现在：_____

　　A. 四主角剧照上了《时代》杂志封面，将海外发行权卖给美国一个电影发行公司。

　　B. 在宣传上贴近获奥斯卡奖的华语影片《卧虎藏龙》。

　　C. 开通《英雄》官方网站。

　　D. 将电影的DVD版权卖给了外国公司。

5. 拍摄电影《英雄》的全部投资为：_____。

　　A. 6000万美元　　　　　　　　　B. 3000万美元

　　C. 5000万美元　　　　　　　　　D. 1500万美元

二、熟读并理解下列词语。

巨额	定额	余额	总额	金额	名额
从影	从军	从政	从业	从教	从艺
影坛	影院	影评	影迷	影星	影展
剧组	剧照	剧评	剧作	剧团	剧场
版权	发行权	著作权	继承权	否决权	所有权
上座率	利率	税率	汇率	出生率	死亡率

第八课 时势造《英雄》,《英雄》造时势

三、给下列句子中划线的词语选择合适的义项。

内涵

A．所包含的内容

B．指内在的涵养

（   ）1．她是一个很有<u>内涵</u>的女人。

（   ）2．<u>内涵</u>深厚的人一般不轻易发怒。

（   ）3．中国古代诗歌的<u>内涵</u>十分丰富。

（   ）4．公司领导讲话的<u>内涵</u>一向很深。

逻辑

A．客观的规律性

B．思维的规律性

（   ）1．历史的发展有它内在的<u>逻辑</u>。

（   ）2．他说话一点也不符合<u>逻辑</u>。

（   ）3．文中描写的内容必须符合生活的<u>逻辑</u>。

（   ）4．文章的<u>逻辑</u>性很强。

事业

A．人们从事的，具有一定规模、体系并关系到社会发展的经常性活动

B．特指没有生产收入、由国家或私人团体提供经费的机构

（   ）1．小王在一个<u>事业</u>单位工作。

（   ）2．那个企业家特别热衷慈善<u>事业</u>。

（   ）3．我的母亲<u>事业</u>心特别强。

期望

A．名词，对人或事所抱的期待、希望

B．动词，期待和希望

(　　) 1. 我们热切期望祖国的繁荣富强。

(　　) 2. 国家对年轻人寄予很大的期望。

(　　) 3. 父母对孩子的期望值不要太高。

(　　) 4. 期望在不久的将来，台湾能回归祖国。

四、用下列成语选择填空。

一席之地　　众说纷纭　　见仁见智　　随心所欲　　街头巷尾

铺天盖地　　议论风生　　可见一斑　　出人意料　　黯然失色

绘声绘色　　名利双收　　一鳞半爪　　神龙见首不见尾

1. 回家的路上，我看到_____许多人聚在一起，议论着什么。

2. 他们那样自得其乐，那样_____，真让人羡慕。

3. 居然有这样的事，太_____了。

4. 学校放寒假，不用上课了，我们可以_____地出去玩了。

5. 小王的故事讲得_____，特别吸引人。

6. 我只需_____，将就过一夜就可以了。

7. 她是世界上最著名的音乐家，许多音乐家和她比起来都_____。

8. 那位平时_____的电影明星突然出现在他的影迷面前。

9. 这部小说有人说好，有人说坏，_____，各不相同。

10. 暴风雨_____而来。

11. 大家都认为拍电影是可以_____的。

12. 经理征求大家的意见，大家_____，看法一时无法统一。

13. 据说他送给女儿的生日礼物是一辆汽车，他的富裕程度_____。

14. 你了解的只是事情的_____，并不是全部情况。

五、辨析下列近义词并选择填空。

效益—效果—功效　　透露——泄露　　问世—诞生　　刺探—打听

1. 那个朋友_____了一点风声给我。

2. 新的计划实施后，产生了良好的_____。

3. 小王出走后，大家四处_____他的下落。

4. 板蓝根具有杀菌、消炎等_____。

5. 敌人的飞机只是来_____我方的军情，不是真的开始发动攻击了。

6. 世界上第一辆真正的汽车_____于1886年。

7. 这家公司的经济_____不错。

8. 一部新词典即将_____。

9. 据权威人士_____，最近汽车价格将会大幅下调。

六、模仿下列句子，用括号里的词语造句。

1. 不管是褒也罢,贬也罢,2002年年底和2003年年初的中国影坛,的确是《英雄》的"天下"。（……也罢……也罢）

2. 这部国产大片能否成为一个良好的开端，引导出大批值得人们花钱进影院的影片，扭转电影业的不景气现状，进而加快电影业乃至整个文化事业的产业化进程呢？（乃至）

3. 就这么偶尔露个"一鳞半爪"，媒体被吊足了胃口，通过媒体又吊起了观众的胃口，从而为票房做好了铺垫。（从而）

4. 大投资、大制作，必然伴以大宣传，继而引起大轰动应当不会出人意料。（继而）

5. 值得人们进一步思考的，倒不在影片本身，而在这部国产大片从摄制到公映过程中所引出的话题。（倒不在……而在……）

七、按照适当顺序排列下面的句子。

1. 它有许多量化的内在指标，如销售量、市场占有率等。

2. 政府退出市场竞争领域，不再干预企业的市场行为，而是全力去创造一种保护产品商标的法律环境。

3. "驰名商标"实质上是一种产品的客观市场声誉。

4. 因此这次新规定的实施将进一步明确政府的职能。

_____

八、你看过张艺谋导演的什么电影，比如《山楂树下》、《金陵十三钗》、《归来》？你觉得这些电影成功吗，为什么？请写一篇小文章表达你的看法（250～300字）。

参考词语：票房价值　　上座率　　摄制　　剧组　　发行权

公映　　市场运作　　产业　　事业

Lesson 9

中国改革开放后，尤其进入21世纪后，越来越多的外资零售商进入了中国，他们以连锁店形式进行规模经营，目的在于开拓中国13亿人口的大市场。外资的进入会给中国的零售业带来怎样的冲击？与外资零售商相比，中国的零售商店存在着哪些差距？造成这些差距的原因是什么？下面的课文将会给你答案。

第九课

发展中的中国零售业

 课文

中国零售业面临的冲击

外资零售商进入中国市场带有一定的扩张性和战略意图，虽然数量**有限**，但其**咄咄逼人**的低价优势和全新的经营观念使得中国零售业只剩了**招架**之力。

根据入世协议，中国应该在加入WTO后五年内逐步开放国内零售市场，所以从2007年年初到现在，外资零售企业进入中国市场的速度越来越快，沃尔玛、家乐福、欧尚、易初莲花、麦德龙等国际零售商都在中国零售市场占据了重要的**份额**。需要指出的是，外资零售企业的销售**总额**在中国零售市场中所占比例很低，目前还不**足以**对中国零售业造成威胁。但我们必须清醒地认识到，外资对中国零售业所产生的冲击和影响不是与它的存在数量成**正比**的，它潜在的威胁可以从它进入我国的目的性和阶段性的转变看出来：从目的性看，外资已从主要利用中国的廉价劳动力转移到重在开拓13亿人口的市场，**注重**长远利益和长期效益；从阶段性来看，外资进入零售领域，最初是以商品输入带动名牌产品对中国市场份额的争夺。近几年，日本、美国、法国等国际零售业的巨头们纷纷在深圳、上海等大城市亮出自己的店牌。这表明国际零售集团已从**渗透**阶段转入抢占市场阶段，而像沃尔玛等国际知名品牌进入时已不再是单个商店的**单枪匹马**，而是连锁形式的**遍地开花**，统一管理，统一配送，具有明显的规模效应了。

必须承认，国内零售店与**洋店**相比，无论是管理机制、人员素质、经营手段，还是商品价格、服务水平、技术实力，都存在着明显的差距。因此，外资**大举登陆**中国零售市场，对中国商界来说无疑增加了一个强有力的竞争对手。

外资的进入，使中国商界人士对规模经营、技术实力有了清醒认识

业内人士指出，目前中国零售业**各自为政**的多，**小打小闹**的多，而进军中国的国际零售集团在资金实力和规模上都具有明显优势。它们刚进入中国时便设立

了战略目标：企业规模化经营。被称为全球百货业"巨无霸"的美国沃尔玛，从1996年进入中国到现在，已经在我国21个省、4个直辖市的140个城市开设了370家商场，2014年第二季度，沃尔玛在中国市场的销售额为1193亿美元，而位居我国零售业**前列**的华润万家2011年一年的销售额仅为1004亿人民币，毫无疑问，中国零售企业和国际零售集团相比，实力相差悬殊。尽管近几年国内商界也在扩大规模、提高水平方面作了较大努力，可经营策略和规模似乎仍在原地打转，没有明显的提高。

不仅如此，洋店在经营方面科技含量也较高。沃尔玛在美国总部拥有自己的商业卫星专用**频道**，用来传递和处理来自世界各地的市场及连锁店的信息。深圳沃尔玛也拥有包括客户管理、配送中心管理、财务管理、商品管理和员工管理的计算机系统，市场应变能力极强。而在中国商界，即使走在前列的上海华联超市，虽然是国内最大规模的超市集团，但在技术方面投入的资金也只有3000万元，与那些著名的洋店相比，其现代化管理程度可见一斑。

因此，如果中国零售企业再不对规模经营和技术水平有一个正确、清醒、**迫切**的认识，采取符合实际的战略措施，就很可能会在激烈的商业竞争中败下阵来。

外资的进入，使中国传统的商业经营方式和手段更显落伍

外资对我国零售业的最大冲击便是掀起了一场廉价**风暴**，这是洋店最具挑战性的优势，也是国内商业企业最难与之抗衡的一点。例如深圳沃尔玛、上海麦德龙等仓储式商场恪守"每天低价格"的经营原则，商品价格平均比商场便宜5%，以相当于批发的形式各自**吸纳**了数万会员制客户。

有人把中国零售企业难以和洋店抗衡的原因**归咎**于洋店资金雄厚，这种说法只看到了问题的**表面**。导致中国零售企业不如外资零售集团的真正原因是中国商业**根深蒂固**的传统经营方式——代销制。众所周知，洋店实行的是经销制，代销制与经销制相比，哪一个更好呢？对零售企业来说，代销制风险小，价格贵；经销制风险大，但价格低。为避免市场风险，**代销赊账**变成了中国商界的"游戏规则"，

经销制是谁都不敢碰，谁也不愿碰。20世纪90年代，中国零售商信誉**低下**，"先销货后付款"的代销制使生产厂家独自承担了全部风险，他们卖出产品的出厂价必然包含资金**垫付**的风险成本，这就导致了中国零售企业商品价格的偏高。相比而言，外资商店的低价主要**得益**于它们实行的C&C配销体系——零售商先以极低的价格买断生产商的全部或大部分产品，然后再卖给客户。由于避免了诸如资金周转等问题，生产商便能给零售商较大的价格优惠。例如，深圳沃尔玛可以拿到比其他竞争对手价格平均低6%的产品，因此，外资零售店的商品价格低便**不足为奇**了。也正因为有这个优势，外资零售商才能在市场利益**分割**和利益转移中，使自己的利润像滚雪球一样，愈滚愈大。

外资的进入，带来了现代商业观念，打破了中国商界固有的陈规陋习

中外商店之间固然存在企业实力和经营手段的差距，但更重要的却是经营者对现代商业的理解力，经营者文化素质、战略眼光以及价值观念的**迥异**。外资的进入把最先进的管理模式和经营机制以及现代商业观念带给了中国**同行**，冲击了中国商界传统的陈规陋习。很长一段时间内，中国商场一直追求大型化、集中化、高档化，经营品种**千店一面**，装饰陈列单调**刻板**，营业时间几十年如一日（都是早九点晚九点），操作仍停留在手工阶段，对自动化**不以为然**，竞争上采用**削价让利**的原始手段。即使想**力争上游**，在学习先进经验时也往往弄得不伦不类，**似是而非**。

中国零售企业要达到和超过外资零售集团的水平，还有较长的路要走。

生词

| 有限 | yǒu xiàn | 形容词 | 表示数量不多，程度不高 |
| | | | 反义词：无限 |

咄咄逼人	duō duō bī rén		气势汹汹，盛气凌人；也指形势严峻，给人压力
招架	zhāo jià	动词	抵挡、承受
份额	fèn é	名词	在整体中所分得的数目，share, portion
总额	zǒng é	名词	总的金额或数额，total sum, amount, total
足以	zú yǐ	副词	完全可以，完全能够，够得上
正比	zhèng bǐ	名词	两个事物，或一个事物的两个方面，一方面发生变化；另一方面也随着发生趋势相同的变化，direct ratio 反义词：反比
注重	zhù zhòng	动词	注意并重视 近义词：着重
渗透	shèn tòu	动词	比喻一种事物或势力逐渐进入到其他方面（多用于抽象事物）
单枪匹马	dān qiāng pǐ mǎ		比喻单独行动，没有别人的帮助，也说"匹马单枪"
遍地开花	biàn dì kāi huā		比喻好的事物到处涌现或普遍发展
洋店	yáng diàn	名词	外国人在中国开办的商店
大举	dà jǔ	副词	大规模地进行（原多用于军事活动，后也用于形容一般的行动、竞争等）
登陆	dēng lù	动词	比喻商品打入某地市场
各自为政	gè zì wéi zhèng		各自按照自己的主张办事，不互相配合，不顾整体
小打小闹	xiǎo dǎ xiǎo nào		指小规模地开展工作、生产等

前列	qián liè	名词	比喻带头或领先的地位
频道	pín dào	名词	channel
迫切	pò qiè	形容词	需要到难以等待的程度，十分急切
风暴	fēng bào	名词	比喻规模大而气势猛烈的现象或事件
吸纳	xī nà	动词	吸收、接受、接纳
归咎	guī jiù	动词	归罪
表面	biǎo miàn	名词	事物的外在现象或非本质部分
根深蒂固	gēn shēn dì gù		比喻基础牢固，不容易动摇或改变
代销	dài xiāo	动词	代理销售（某些商品），sale by prosy
赊账	shē zhàng	动词	把买卖的货款记在账上延期收付，即买卖货物时买方延期交款，卖方延期收款，on credit
低下	dī xià	形容词	（能力、水平、地位等）在一般标准之下 反义词：优秀，优良
垫付	diàn fù	动词	暂时代别人付钱
得益	dé yì	动词	得到好处、受益
不足为奇	bù zú wéi qí		前所未有不值得奇怪，指事情、现象等很平常或在情理之中 近义词：平淡无奇 反义词：空前绝后
分割	fēn gē	动词	把整体或有联系的事物分开
固有	gù yǒu	形容词	本来就有的 反义词：外来
陈规陋习	chén guī lòu xí		过时的、已经不适用的规矩、规章制度和不良的习惯、习俗

迥异	jiǒng yì	形容词	大不相同
同行	tóng háng	名词	行业或专业相同的人
千店一面	qiān diàn yī miàn		成千上万个商店都是一个面孔,形容许多商店都是一个样子,没有特色
刻板	kè bǎn	形容词	比喻不灵活,缺少变化 近义词:呆板 反义词:灵活
不以为然	bù yǐ wéi rán		不认为是对的,表示不同意(多含轻视意)
削价	xuē jià	动词	减价,降低价格 反义词:涨价
让利	ràng lì	动词	(商家)让出部分利润或利益
力争上游	lì zhēng shàng yóu		比喻努力奋斗,争取先进 反义词:甘居下游
似是而非	sì shì ér fēi		好像对,实际上并不对

注 释

一、外资零售企业的销售总额在中国零售市场中所占比例很低

"总额",名词,总的金额或数额。跟它意思相近的一个词是"总量",也是名词,指一定范围内各个部分数量的总和或总的数量。"总额"和"总量"的区别在于,"总额"侧重指获得或花费钱的总数,"总量"侧重指物的总数。如:存款总额、工资总额、耕地总量、粮食总量等。

例如：

（1）那家工厂今年的销售总额是1000万元。

（2）沙漠地区每年的降雨总量都不会超过200毫米。

（3）政府每年支出的工资总额是笔不小的数目。

（4）会计正在统计全省今年的粮食储备总量。

（5）到目前为止，对灾区的捐款总额是1亿元。

（6）中国七月份石油进口总量是5亿吨。

二、目前还**不足以**对中国零售业造成威胁

"足以"，副词，意思是完全可以够得上或达到，用于书面，后面加动词短语，否定形式是"不+足以"。

例如：

（1）他的国际象棋水平足以参加世界比赛了。

（2）现有的证据并不足以表明火星上有生命。

（3）全国一年浪费的粮食足以计50万人吃一天了。

（4）这种罪大恶极的人，不杀不足以平民愤。

（5）这部电影足以代表张艺谋在电影方面所取得的成就。

（6）仅靠妈妈一个人的收入，不足以维持全家人的生活。

三、**注重**长期利益和长远效益

"注重"，注意并重视。它的近义词是"着重"，两词都是动词，区别在于：

1. "注重"多指考虑问题时，把注意力集中在某个方面，予以重视，如注重调查研究；"着重"多指说话或处理问题时，把重点放在某一方面，予以强调，如"着重说明"、"着重指出"。

2. "着重"后面的动词可以加"了"，"注重"后面的动词一般不加"了"。

3. "着重"一般不用程度副词修饰，"注重"可以用程度副词修饰。

4. 可以说"着重点"（需要特别关注的地方），"着重号"（标点符号），不能说"注

重点"、"注重号"。

例如：

（1）接受采访时，那位校长着重指出了大学教育存在的问题。

（2）现在的父母都很注重对孩子的教育。

（3）那份报告着重说明了人才对公司发展的重要性。

（4）中国游泳队将更加注重培养年轻选手。

（5）那天来开会的人特别多，主持人着重介绍了几位非常著名的学者。

（6）他穿衣服注重色彩的搭配。

（7）现在，我们工作的着重点是新产品的设计和研发。

（8）现在请大家看课文中标上着重号的部分。

四、中国零售企业和国际零售集团相比，实力相差**悬殊**

"悬殊"，形容词，意思是相差很远，差距很大。一般形容词作谓语时，对主语所指的数量并没有特别的要求，单数、复数都可以。可是，"悬殊"作谓语时，却要求主语是指复数的（常是双数），或者主语是并列的两个反义词，或者主语里的定语指两个数目。

例如：

（1）那两个国家的生活水平相差悬殊。

（2）这是一场力量对比悬殊的足球比赛。

（3）夫妻年龄悬殊，老夫少妻的现象如今越来越多了。

（4）由于企业观念与文化差异悬殊，两个异国公司很难合并。

注意，"悬殊"本身就有相差很远或差别很大的意思，后面不必再加"很大"、"极大"等修饰成分。

五、采取符合实际的战略**措施**

"措施"，指为解决某种重大问题所采取的办法，和"措施"意思差不多的一

个词是"办法",两词都是名词,都可以指解决问题的方法,区别主要有:

1. "措施"多用于书面,多用于较大的事情;"办法"没有这些限制,"办法"的适用范围比"措施"大。

2. "措施"前面的量词可以用"项",如"五项措施";"办法"前面的量词多用"个"、"套",如"一个办法"、"几套办法"。

3. "措施"的常用搭配有制定措施、采取措施、紧急措施、坚决措施、有效措施、有力措施、根本措施、积极措施、果断措施、保护措施、安全措施、预防措施、强制措施;"办法"的常用搭配有想办法、老办法、没办法、找到办法。

例如:

(1)春季是感冒流行的季节,我们一定要采取有效措施预防感冒。

(2)国家应该尽快制定更有效的保护措施保护那些快要灭绝的动物。

(3)政府最近出台了一项治理经济环境的重大措施。

(4)如果两个人互相不懂对方的语言,就没办法交流。

(5)电脑坏了,要想个办法修一下。

(6)我想出了一个解决问题的好办法。

六、有人把中国零售企业难以和洋店抗衡的原因**归咎于**洋店资金雄厚

"归咎于",习惯用语,也说"归罪于",指把错误或罪过归于某人或集体。和这个词意思相对的是"归功于",指把功劳归于某人或集体。两词后面都必须带宾语,其中"归功于"的主语常是表示成就、胜利等的词语,"归咎于"常构成"把"字句。

例如:

(1)这次比赛的胜利应该归功于球队所有的球员。

(2)他认为自己能考上清华大学,应该归功于老师的帮助。

(3)王教授觉得自己在汉语教学方面的成就主要归功于妻子的支持。

(4)病人的家属把病人的死亡归咎于医院。

（5）一般人都把儿童的肥胖归咎于饮食不合理。

（6）他把工作没做好的原因全归咎于客观条件太差。

"归咎于"、"归功于"都和"归于"这个词有关系。"归于"是动词，用法主要有：

1. 指"属于"时，后面一定要带宾语（主语多指抽象事物）。

（1）功劳应归于辛勤指导运动员的教练们。

（2）在奥运会上获得金牌的中国运动员表示，荣耀归于伟大的祖国。

2. 指"趋向"时，必须带形容词、不及物动词作宾语。

（3）大哭一场之后，她的心情渐渐归于平静。

（4）经过讨论，大家的意见已归于一致。

七、导致中国零售企业不如外资零售集团的真正原因是中国商业根深蒂固的传统经营方式——**代销制**。众所周知，洋店实行的是**经销制**

"代销制"是企业的一种销售模式，又叫销售代理制。经销商代销企业产品，卖出去利益均分，卖不出去退货给企业。这种销售模式的特点是先销售货物再付款给企业，经销商不用承担任何风险。"经销制"也是一种销售方式，这种方式要求经销商用全部或部分现款从企业进货，不能赊账，企业提供一定的宣传和促销支持。这种销售模式的特点是经销商先付款，企业后发货。因为不能赊账，经销商也承担一定的风险。

八、外资商店的低价主要得益于它们实行的 **C&C 配销体系**

"C&C 配销体系"即现付自运制（Cash & Carry，简称 C&C），是麦德龙、沃尔玛、家乐福等外资零售商使用的经销模式。它的运作过程一般是：零售商向供应商提供订货单，供应商直接送货，顾客在超市内自由挑选商品，结算时只能使用现金，不能赊账或使用信用卡等，购物后顾客自己将商品运回。这样，商品在供应商、零售商、顾客之间能以最低的成本和最短的资金占用时间完成流动。这种模式适应了快速高效的销售需要，大大降低了超市的运营成本。

九、由于避免了**诸如**资金周转等问题

"诸如",举例用语,放在所举的例子前边,表示抽样举例,而且所举的例子不止一个。

例如:

(1)室外运动,诸如骑自行车、爬山、划船等,都容易把皮肤晒黑。

(2)随着生活水平的提高,越来越多的人开起了名贵轿车,诸如奔驰、宝马、奥迪,等等。

(3)一年来,学校领导为职工做了不少实事,诸如美化校园、建新食堂、改善教师办公条件等。

十、中外商店之间**固然**存在企业实力和经营手段的差距

"固然",连词,用于书面语,主要有两种用法:

1. 表示承认某一事实,引起下文转折,提出相对立的另一事实(这时前后小句的意思是矛盾的),后一小句中常用"但是"、"可是"、"然而"等词与之配合。

例如:

(1)药固然可以治病,但服用过量也会产生副作用。

(2)投资股票固然能赚钱,可盲目投资也有可能导致破产。

"固然"前后有时可以是同一词语。

例如:

(3)工作单位离我家远固然远点,不过交通还算方便。

(4)这个办法好固然好,就是太冒险了。

2. 表示承认某一事实,下文接着提出并不对立的另一事实(这时前后小句的意思不矛盾,转折较轻),重在突出后一小句,多用"也"、"还是"、"更"等与之配合。

例如：

（5）考上公费留学固然好，考不上也还可以自费留学。

（6）别人的意见对，固然应该接受，就是不对，也可以作为参考。

注意："固然"和"虽然"在使用时有时容易混淆，两词的主要区别有：

1."固然"侧重于承认某种事实，"虽然"侧重于让步。因此，"虽然"不能用在表示前后意思不矛盾的句子里。例如："上大学固然好，就业也不错"不能说成"上大学虽然好，就业也不错"。

2."虽然"用在主语前后比较自由，"固然"很少用于主语前。

十一、装饰陈列单调**刻板**

"刻板"，比喻不灵活、缺少变化。它的近义词是"呆板"。两词都是形容词，都有不灵活、缺少变化的意思，区别在于：

1."刻板"侧重在固定成某种模式不改变，突出"严"；"呆板"侧重在反应迟钝不知道变化，突出"呆"。

2."刻板"多用于形容生活习惯、工作方式及表演等；"呆板"多用于形容人的头脑、性情、做事等，也指形式或内容单调。

例如：

（1）我们公司新来的两个人，一个热情活泼，一个严肃刻板。

（2）别人的经验应该学习，但不能刻板地照搬。

（3）他刚参军的时候，适应不了部队刻板的生活。

（4）别看他样子呆板，脑子却很灵活。

（5）这篇文章写得枯燥呆板，没有一点趣味。

（6）以前的羽绒服大都设计得很呆板、单调，款式没有什么变化。

（7）开会的时候，他就那么呆板地坐在那里，不知道在想什么。

十二、在学习先进经验时也往往弄得**不伦不类**，似是而非

"不伦不类"，意思是既不像这一类，也不像那一类，形容不成样子、不合格式，也不合规范。

例如：

（1）在一般人眼中，男人留长发显得不伦不类。

（2）唱京剧时用交响乐伴奏多少有些不中不西，不伦不类。

"不……不……"是一种固定格式，我们用"甲"、"乙"代指"……"，介绍一下这种固定格式的几种构成形式：

1. 甲、乙是意思相同或相近的单音节动词或文言词语，表示"既不……也不……"。

例如：

不吃不喝　　不说不笑　　不言不语　　不声不响　　不知不觉　　不闻不问

也可以是名词或形容词。

例如：

不仁不义　　不明不白　　不慌不忙　　不清不楚　　不干不净

2. 甲、乙是意思相对的单音节形容词、方位词或文言词，表示适中、恰到好处。

例如：

不高不矮　　不快不慢　　不早不晚　　不软不硬　　不卑不亢　　不胖不瘦

3. 甲、乙是意思相对的单音节词、形容词、名词、方位词或文言词，表示既不像这，也不像那，而是一种不满意的中间状态。

例如：

不死不活　　不男不女　　不上不下　　不人不鬼

4. 甲、乙是意思相对或相关的动词或短语，"不甲"是"不乙"的条件，表示"如果不……就不……"。

例如：

不干不行　　不打不相识　　不见不散　　不看不知道

不是冤家不聚头　　不到黄河不死心　　不见棺材不掉泪

 练 习

一、根据课文选择正确答案。

1. 外资对中国零售业的最大冲击是：_____
   A. 规模化经营。　　　　　　　　B. 经营方面科技含量高。
   C. 掀起了一场廉价风暴。　　　　D. 会员制的经营方式。

2. 中国零售业很难与外资零售店抗衡的根本原因是：_____
   A. 外商资金实力雄厚。
   B. 长期形成的代销制的经营方式。
   C. 现代化管理水平低。
   D. 不是仓储式商场。

3. 下面哪个选项不属于中国零售业的特点：_____
   A. 企业间各自为政，没有形成规模经营。
   B. 技术水平低。
   C. 注重长远利益和长期效益。
   D. 竞争上采用削价让利的原始手段。

4. 下面选项中不属于外资零售企业的是：_____。
   A. 沃尔玛　　　B. 华联超市　　　C. 麦德龙　　　D. 八佰伴

5. 下面哪种说法符合课文作者的观点：_____
   A. 外资对中国零售业产生的冲击和影响与外资企业的数量成正比。

B. 国内零售店与洋店的差距仅仅表现在管理机制、人员素质和经营手段上。

C. 目前，外资企业的主要目的是开拓中国的市场。

D. 目前，外资企业对中国的零售业构成了严重的威胁。

二、给下列句子中划线的词语选择合适的义项。

输入

A. 从外部送入内部

B. 指从国外或境外买进商品或引进资本；进口

（　　）1. 医生把药液<u>输入</u>病人体内。

（　　）2. 改革开放以来，有很多外国资本<u>输入</u>中国。

（　　）3. 工人们把石油<u>输入</u>管道。

（　　）4. 最近，我省从广东<u>输入</u>了一批化肥，质量很好。

卫星

A. 名词，围绕行星运动，本身不发光的天体

B. 名词，像卫星那样环绕某一中心的

C. 名词，指人造卫星

（　　）1. 北京周围有很多小的<u>卫星</u>城。

（　　）2. 月球是地球的<u>卫星</u>。

（　　）3. 气象<u>卫星</u>能预报天气。

（　　）4. 这几个小厂都是我们集团的<u>卫星</u>厂。

投入

A. 动词，放进（某种环境）

B. 动词，参加（某种行动）

C. 动词，指精神集中地做某事

(　　)1. 他无论做什么事都很投入。

(　　)2. 请将选票投入票箱。

(　　)3. 每个公民都应积极投入到国家建设中来。

(　　)4. 新的机场已经正式投入使用。

装饰

A. 动词，表面加些附属的东西，使美观

B. 名词，指装饰品

(　　)1. 有了这些装饰，房间显得更漂亮了。

(　　)2. 彩霞把天空装饰得非常美丽。

(　　)3. 他向来朴素，不爱装饰。

(　　)4. 那个女孩房间里的各种装饰都很精巧。

手工

A. 动词，用手操作

B. 名词，靠手的技能做出某种东西的工作

(　　)1. 那件毛毯是手工织的。

(　　)2. 幼儿园的小朋友正在做手工。

(　　)3. 这里很多工种还是手工劳动。

(　　)4. 他坚持不收手工费。

三、用下列词语选择填空。

| 咄咄逼人 | 单枪匹马 | 遍地开花 | 似是而非 | 根深蒂固 |
| 各自为政 | 不足为奇 | 陈规陋习 | 不以为然 | 力争上游 |

1. 重男轻女的观念在有些中国农民的脑子里仍然_____。

2. 他的说法_____，你要仔细考虑，千万不要上当。

3. 这项工作不依靠大家的力量，_____是很难完成的。

4. 同学们要_____，争取期末考试得个全校第一。

5. 只有打破过去留下来的一些_____，社会才能进步。

6. 他嘴上没有说不对，心里却很_____。

7. 政府各部门之间应该互相协助，不要_____。

8. 他那_____的发言，引起了与会人员的不满。

9. 这种新技术要经过试验后逐步推行，不要一上来就_____。

10. 他们本来就不同意小王当班长，提出另外的人选_____。

四、辨析下列近义词并选择填空。

总额—总量　　注重—着重　　措施—办法　　刻板—呆板

1. 这家商场这个月的营业_____为3000万人民币。

2. 她不答应，你也拿她没_____。

3. 工作中千万不能_____地套用别人的经验。

4. 办事要_____实效，不要搞形式主义。

5. 要采取有力_____，制止滥砍滥伐森林的行为。

6. 据统计，北京市今年私人汽车的_____已达到200万辆。

7. 老师_____指出了李明学习中存在的问题。

8. 她是一个脑筋_____，反应迟钝的学生。

五、用指定词语完成句子。

1. 这件事情_____。（足以）

2. 那两个运动员_____。（悬殊）

3. 这个城市存在很多问题，_____。（诸如）

4. 这样做_____。（固然）

5. _____，_____，他都是最好的。（无论是……还是……）

6. _____，你也是有责任的。（归咎于）

7. 他能取得这么优异的成绩，_____。（归功于）

8. 他总是_____。（归于）

六、综合填空。

沃尔玛认准的目标就是__1__中低收入的大众阶层，经营低__2__、多而全的商品。几十年来，沃尔玛一直__3__薄利多销的经营__4__。当一般竞争对手都采用定期的特价销售方式时，沃尔玛__5__了每天都提供最低商品的竞争策略。

1. A. 面对　　　B. 面向　　　C. 面临　　　D. 倾向
2. A. 价位　　　B. 价　　　　C. 价钱　　　D. 价格
3. A. 遵守　　　B. 信守　　　C. 恪守　　　D. 坚守
4. A. 战略　　　B. 措施　　　C. 方法　　　D. 办法
5. A. 提出　　　B. 提供　　　C. 指出　　　D. 推出

七、按照适当顺序排列下面的句子。

A. 跨国零售业进入一国时，往往需要与有当地经验的零售商结成某种战略伙伴关系。

B. 但历来也坚持要在共同建立的合资企业中占据主导地位，以保证合资企业的发展计划与家乐福的全球经营方针一致。

C. 家乐福每到一地，都积极寻求与有经验的当地零售企业建立良好的协作关系。

D. 以求在短期内熟悉市场并在进货、人力资源等方面得到支持。

八、根据下列提示写一篇小文章（250~300字）。

1. 外资对中国零售业产生的冲击表现在哪些方面？
2. 中国零售企业的特点是什么？
3. 外资零售企业的优势主要有哪些？

Lesson 10

中国加入世贸组织后给广告业带来了怎样的影响？世贸组织的到来使广告业受到较大的冲击，还是给它带来了一次促进的机会？有关专家和业内人士认为，入世对中国广告业来说，是挑战与机遇并存。这篇课文从中国广告业的现状出发，分析了入世给这个行业带来的有利和不利因素，并提出了相应的应对措施。

第十课
广告业的机遇与挑战

课文

广告业在中国是一个相对年轻的行业，它的整个发展过程与改革开放基本同步，经历了30多年的风风雨雨。如今，大陆的广告业已经成为朝阳产业，全国广告收入也已进入世界前十名。然而，这并不意味着中国广告业从此可以**高枕无忧**了。有专家认为，尽管加入世贸组织对广告业带来的冲击不像传统产业那么大，但长期影响仍不可小看。因此，一直为别人策划、定位的广告人也要为自身的长远发展仔细**盘算**一番。

现状：结构性问题依然存在

中国广告业在1979年年初几乎从零开始**起步**，而后以年平均40%左右的速度增长，这种速度在国际广告业发展史上几乎是**绝无仅有**的。30多年来，中国的广告经营单位，从20世纪80年代初期的不足2000家发展到目前的37万多家，从业人员从当初的几万人发展到如今的217万多人，无论**纵向**比还是**横向**比，数量上都超过了美国、日本等一些世界广告大国。

以上数据的确令人欣喜，然而，这些**醒目**的数字容易让我们**忽略**另外一些事实：国内的广告业存在着较大的结构性**缺陷**，有关专家表示，经营单位多、规模小、效益差、专业水平低是这一行业高度发展背后的**隐忧**。可是，产业整体水平低并没有缓解广告企业之间竞争的激烈程度，而且这些竞争多数处于**无序**状态：有些广告主四处打电话找广告公司，询问的不是如何服务，而是给多少折扣，也就是说他们选择的仅仅是价格，而不是广告策划与**创意**。**长此以往**，中国广告业的发展无论在量的递增上如何**神速**，在质的方面离现代化、国际化都依然遥远。

中国广告业这种低水平、高强度的竞争还造成了另外一种**恶果**：广告公司与广告主关系**松散**，**一锤子买卖**大量存在。最近的一项调查表明，在中国，企业和广告公司的合作关系保持1~2年的占45.1%，合作**期限**能达到2~3年的就算是比较稳定的了。与此相对照的是，国外企业和国际广告公司的合作关系往往可以维持几十年，比如总部设在纽约的美国BBDO广告公司与戴姆勒－克莱斯勒公司的合作就持续了96年。

入世：压力与机遇并存

事实已经证明，中国加入世界贸易组织（简称"入世"）没有给中国广告业带来直接冲击，而是带来了一次促进的机会。原因有两个：一是中国的广告市场发展到今天已经**大门洞开**，本土广告业所面对的挑战，从国际广告公司进入中国时就已经开始，不是因为"入世"才出现的；二是"入世"为中国广告市场的全面**提升**和拓展带来了机遇。一方面，"入世"后，更多的国际企业来中国投资，这使得熟悉中国国情的本土广告公司有机会面对更多高素质的客户**群体**，也增大了从品牌和规范服务的角度操作广告的机会；另一方面，"入世"之后各行业的市场竞争全面**加剧**，中国企业也不得不更加重视品牌竞争。和一些业内专家预见的一样，"入世"后，越来越多的企业更多地运用广告手段进行品牌**塑造**，这就给本土和国际广告公司带来了更多市场扩张的机会。

当然，"入世"也给刚刚迈入成长期的中国广告业带来了一些不利的因素，引发了更激烈的竞争，这也是广告业必须**正视**的问题。虽然说入世扩大了中国广告业的发展空间，但是，"蛋糕"做大了，分"蛋糕"的人自然也会多起来，行业内外的竞争进一步**白热化**，这也正常。据统计，截至现在，中国广告市场上营业额**名列前茅**的大多数是海外公司，他们将凭借资金、技术、人才和经营管理的优势继续扩张的**步伐**。近些年，外商外资主要集中在东部沿海的大城市，今后将会发展到内地的一些大、中城市；另外，现在合资广告的中外方投资比例控制在各占50％，今后政府对外方投资的比例将会有所放开。中国广告业要保住自己的一方**沃土**，还需从**长计议**。

未来：立足长远重新定位

为了在与国外"名牌"广告公司的竞争中占优势，一些专家建议，国内广告公司应该从以下几个方面进行一些思考：

首先，追求专业化分工与规模**效应**将成为新一轮广告业变革的**主旋律**。

根据世界先进国家广告业的发展趋势，我们将中国广告业的成熟标志定为：经营单位数量减少、规模扩大，产业结构**趋向**合理，专业化分工更加明确，全面代理型广告公司成为业内的**支柱**。中国是一个大国，需要有一些专业化程度较高的、世界标准级的大广告集团去和国际上的4A公司抗衡。我们的广告企业要从"小而散"、"小而差"的低水平、传统式操作方式转变为具有市场研究、广告创意、**媒体**投放、效果**评估**等功能的全方位、多元化的现代广告运作模式。

其次，追求品牌效应与强调个性经营将成为广告业生存的基础。

据统计，"名牌"广告公司在同行业中，一般具有25%～50%的增值率，广告公司如果忽视了品牌的存在，就等于自动**放弃**市场。所以，随着企业的逐步发展**壮**大，追求品牌效应和个性化，注重长远利益将成为广告业的发展趋势。

第三，创建充满活力的人才竞争机制是中国广告业走向成熟的根本。

在知识经济条件下，广告企业之间的竞争说到底就是人才的竞争。专业广告公司不仅要有那些被称为"**稀有人才**"的**资深**广告人，更要有一支**才思敏捷**、具有团队精神的专业化员工队伍。"入世"后，合资广告公司和外商独资广告公司大量出现，它们的高薪招聘挖走了国内为数不多的一些真正的广告人，不少国内的小型广告公司已经被淘汰**出局**。可以预见，今后广告公司之间的竞争**势必**加剧，广告人才缺乏的矛盾会更加突出。所以，中国本土的广告公司除了尽力留住优秀人才，还要创建一套适合自身特点的人才**引进**、培训和激励机制。同时，还要以高等学校的新闻传播学院为基地，培养更多合格的广告人才。

生词

高枕无忧	gāo zhěn wú yōu		把枕头垫高，无忧无虑地睡觉。比喻认为平安无事，所以不用担心
盘算	pán suan	动词	心里算计或筹划
起步	qǐ bù	动词	比喻事业、工作等开始
绝无仅有	jué wú jǐn yǒu		只有一个，再没有别的了，形容极其少有，难得 近义词：独一无二 反义词：屡见不鲜
纵向	zòng xiàng	形容词	非平行的，上下或前后方向的 反义词：横向
横向	héng xiàng	形容词	平行的，非上下级之间的
醒目	xǐng mù	形容词	（文字、图画等）形象明显，容易看清
忽略	hū lüè	动词	应该注意而没有注意；疏忽 近义词：忽视
缺陷	quē xiàn	名词	欠缺或不够完备的地方
隐忧	yǐn yōu	名词	深藏或不便明说的忧虑
无序	wú xù	形容词	没有次序，没有规则 反义词：有序
创意	chuàng yì	名词	有创造性的想法、构思、设计等，originality
长此以往	cháng cǐ yǐ wǎng		长期这样下去（多用于不好的情况）
神速	shén sù	形容词	速度快得惊人
恶果	è guǒ	名词	坏的结果或下场

松散	sōng sǎn	形容词	不紧密，不紧凑
			近义词：松弛
			反义词：紧密
一锤子买卖	yī chuí zi mǎi mai		不考虑以后怎样，只做这一次交易。比喻做事不顾后果，没有长远打算
期限	qī xiàn	名词	限定的一段时间
大门洞开	dà mén dòng kāi		大门敞开
提升	tí shēng	动词	提高（职位、级别等）
群体	qún tǐ	名词	泛指本质上有共同点的、相互联系的个体组成的整体，group
			反义词：个体
加剧	jiā jù	动词	变得比原来更严重
塑造	sù zào	动词	用语言、文字等手段表现品牌形象
正视	zhèng shì	动词	用认真的态度对待，不回避、不敷衍
			反义词：无视
白热化	bái rè huà	动词	比喻竞争、感情等处于最紧张、激烈的状态
名列前茅	míng liè qián máo		比喻名次排在前头
			近义词：独占鳌头，首屈一指
			反义词：名落孙山，榜上无名
步伐	bù fá	名词	比喻事情进行的速度
沃土	wò tǔ	名词	比喻很好的环境
从长计议	cóng cháng jì yì		慢慢地多加商量
效应	xiào yìng	名词	泛指效果和反应
主旋律	zhǔ xuán lǜ	名词	比喻主要精神或基本观点

趋向	qū xiàng	动词	朝着某个方向发展
支柱	zhī zhù	名词	比喻中坚力量
媒体	méi tǐ	名词	指交流、传播信息的工具，如报纸、杂志、广播、电视等，medium
评估	píng gū	动词	（对质量、水平、成绩等）评议估计
放弃	fàng qì	动词	丢掉（原有的权利、主张、意见等）反义词：保留
稀有	xī yǒu	形容词	很少见，极少见
资深	zī shēn	形容词	资历深或资格老的
才思	cái sī	名词	写作文章、诗歌等的能力
敏捷	mǐn jié	形容词	（动作、思路等）迅速而灵敏
出局	chū jú	动词	泛指退出竞争或比赛
势必	shì bì	副词	根据事物发展趋势推测必然会怎样
引进	yǐn jìn	动词	从外国进口或外地引入

 注 释

一、广告业在中国是一个**相对**年轻的行业

"相对"，形容词，比较的。"相对"修饰的一般是积极方面的东西，很少用于消极方面的事物，在句子中可以作定语、状语，但不能作谓语。

例如：

（1）前两局比赛中，巴西队占了相对的优势。

（2）相对来说，运动比节食更容易减肥。

（3）如果去上海，坐飞机很快，可是坐火车相对方便一些。

（4）据专家说，加拿大是一个留学签证相对容易的国家。

二、这并不**意味着**中国广告业从此可以高枕无忧了

"意味着",动词,必须带动词(或动名词)、小句作宾语,主语也多为动词(或动名词)、小句。是书面语,有下面两种意思:

1. 表示;标志着。

2. 含有某种意思;可以理解为。

例如:

(1)满天乌云意味着一场暴风雨就要来临。

(2)期末考试不及格意味着下个学期需要重修。

(3)失败意味着我们还没有取得成功。

(4)加入WTO意味着中国企业面临着挑战和机遇。

三、**而后**以年平均40%左右的速度增长

"而后",副词,然后、以后,表示接着某一动作之后发生,前面必有另一个行为动作。"而后"是书面语,出现在句子中时多修饰动词、动词短语。

例如:

(1)我们应该先弄清楚问题出在哪里,而后再想办法解决。

(2)海尔集团先是在中国市场占据领先地位,而后走出国门,开拓国际市场。

"而后"和"以后"是外国学生容易弄混的两个词,它们的区别主要有:

1."以后"是时间名词,表示从现在以后,可以单用;"而后"不能。例如,可以说"以后,要听话",但不能说,"而后,要听话"。

2."而后"必须紧跟着后面的行为状态,不能有停顿;"以后"具有连接作用,可以有停顿。

四、国内的广告业存在着较大的结构性**缺陷**

"缺陷",意思是不完美、不健全的地方,近义词是"缺点"。两个词都是名词,都可以指人或事物的不足之处,区别在于:

1. "缺陷"侧重指不圆满、不完美的地方，语意较轻、较具体；"缺点"侧重指短处、坏处，语意较重、较抽象。

2. "缺陷"一般不直接用于人，常用于人的生理或知识、方法等抽象事物；"缺点"常直接用于人和习惯、品德、工作等，很少用于人的生理。

例如：

（1）在这个世界上，没有一个人是没有缺点的。

（2）他的缺点是做作业时粗心、马虎，上课经常迟到。

（3）虽然他有很多缺点，但我仍然把他当作我最好的朋友。

（4）几乎每一种天然食品都有独特的营养价值，也都存在一些缺陷。

（5）他出生的时候就有严重的生理缺陷。

（6）中国出版界首次召回缺陷图书。

五、产业整体水平低并没有**缓解**广告企业之间竞争的激烈程度

"缓解"，指紧张程度减轻，严重程度好转，近义词是"缓和"，两个词都是动词，都有原本紧张的情形得到和缓的意思，区别在于：

1. "缓解"侧重在减轻紧张程度，语意较轻；"缓和"侧重在消除紧张，使变得平静温和，语意较重。

2. "缓解"可同时用于具体或抽象的事物，适用范围较大；"缓和"涉及的对象大多是局势、气氛、口气、情绪、关系等抽象事物，适用范围较小。

例如：

（1）地铁5号线建成以后，在一定程度上缓解了北京的交通压力。

（2）一些专家表示，海水淡化能缓解全球的水危机。

（3）他服药后，头痛的症状有所缓解。

（4）他开了个玩笑，会场上的气氛一下子缓和下来了。

（5）双方紧张的关系仍然没有缓和的迹象。

（6）老人气消了，口气也变得缓和多了。

六、广告公司与广告主关系松散

"松散"，指结构不紧密，它的近义词是"松弛"。两个词都是形容词，都有不紧密的意思，区别在于：

1. "松散"侧重在不集中，"松弛"侧重在不紧张。"松弛"还可以指遵守制度、掌握标准等不严格，"松散"没有这个意思。

2. "松散"多用于包含有几个部分的事物，如结构、情节、关系等，"松弛"多用于整体的事物，如肌肉、精神、心情等。

例如：

（1）那篇小说的结构有些松散。

（2）昨天的比赛，那支明星篮球队输在组织松散。

（3）一些企业组成了松散的企业联盟，企图改变市场价格。

（4）手术成功以后，他的精神总算松弛下来了。

（5）人老了，肌肉容易松弛。

（6）那家小公司纪律松弛，需要加强管理。

七、和一些业内专家预见的一样／可以预见，今后广告公司之间的竞争势必加剧

"预见"，作动词时，指根据过去和现在的情况，预先料到其将来的发展和变化；作名词时，指能预先料到将来的见识。"预见"的近义词是"预感"，两词都是动词兼名词，都有预先觉察到和具有预先觉察的能力的意思，区别在于：

1. 作动词时，"预见"侧重在预先估计、认识到，是基于思维、逻辑的理性判断；"预感"侧重在预先感觉到，一般是说不出道理的、非理性的感觉。

2. 作名词时，"预见"指预先的正确估计、推断；"预感"指预先的感受、觉察。

3. "预见"的事情一般较大；"预感"的事情可大可小。

例如：

（1）天气异常闷热，大家预感到一场大雨就要来了。

（2）他有一种强烈的预感，妻子肯定出事了。

（3）据说，动物对灾害有预感。

（4）李教授准确地预见了改革开放对中国经济发展的重大影响。

（5）事实证明，他30年前的预见太准确了。

（6）可以预见，我们公司的技术水平几年内将会有很大的提高。

八、今后政府对外方投资的比例将**有所**放开

"所"，结构助词，用在及物动词之前，使"所+动词"成为名词短语，这种名词短语可以做"有、无、多"的宾语，具体用法如下：

1. 有 + {所 + 名词兼动词}，整个格式有减轻程度的作用，如"有所提高"就不如"有提高"程度深。

例如：

（1）公司的销售额每年都有所增加。

（2）经过半年的学习，他的汉语水平有所提高。

（3）那个地区的教育事业近几年有所发展。

2. 无 + {所 + 动词/动词短语}，整个格式往往构成成语，如"无所不谈"就是没有什么不谈论，什么都谈的意思。

例如：

（4）他总是做出一副无所不知的样子。

（5）难道你就甘心一辈子无所作为吗？

（6）找朋友谈谈，也比在家里无所事事的好。

（7）面对困难，我们应该无所畏惧，勇于向前。

（8）有人认为夫妻之间应该无所不谈。

九、根据世界先进国家广告业的发展**趋势**/产业结构**趋向**合理

"趋势",指事物发展的势头和倾向,它的近义词是"趋向"。两个词都可作名词,指事物发展的动向,区别在于:

1. "趋势"不能作动词,"趋向"可以作动词,能带形容词性宾语,表示事物逐渐朝着某方面发展。

2. "趋势"可以受"必然"修饰,"趋向"不能。

例如:

(1) 任何人都不能阻挡历史发展的必然趋势。

(2) 据了解,近年来中国的外国留学生数量呈上升趋势。

(3) 今年春天的女性服装有四大流行趋势。

(4) 政府采取了一些措施后,市场价格趋向平稳。

(5) 目前国际形势的总趋向是缓和而不是紧张。

(6) 手术以后,他的病情趋向好转。

十、需要有一些专业化程度较高的、世界标准级的大广告集团去和国际上的 4A 公司抗衡

4A 公司的英文全称有两个,一是 Agencies American Association of Advertising;一是 Agency of Advertising Association Accredited。4A 协会对成员公司有很严格的要求标准,所有的 4A 广告公司都是规模较大的综合性跨国广告代理公司。例如,香港约有 1000 多家广告公司,广告营业额达 120 亿港元以上,而跨国广告公司在香港开设的分支机构组成的香港广告商会,虽然会员只有 19 家,广告营业额却占全香港广告总额的一半以上。由于 4A 公司拥有雄厚的财力资源、信息资源和客户资源,收费又比较透明,所以受到客户的欢迎。国际上有名的 4A 公司有盛世长城、奥美、智威汤逊、麦肯·光明等。

十一、可以预见，今后广告公司之间的竞争**势必**加剧

"势必"，副词，意思是"根据事物的发展趋势推测事情一定会怎样"，表示上文有得出结论的根据，而结果对当事人可能不利。"势必"用在句子中时，多修饰动词短语，修饰形容词短语、主谓短语较少。

例如：

（1）管理经营不善的企业势必会在激烈的竞争中被淘汰出局。

（2）城市中汽车数量的增多势必会加重空气的污染。

（3）再就业率的下降势必导致再就业困难群体的增多。

（4）长期睡眠不足，势必影响健康。

十二、还要创建一套适合自身特点的人才引进、培训和**激励**机制

"激励"，激发鼓动，它的近义词是"鼓励"。两个词都是动词，都有劝勉别人，希望对方从事某种活动的意思。区别在于：

1."激励"的施动者可以是人和组织，也可以是某些思想和行为；"鼓励"的施动者大多是人或组织。

2."激励"多用于精神方面；"鼓励"既可用于精神方面，又可用于物质方面。

例如：

（1）听了经理的演讲，职工的工作热情被激励起来了。

（2）今天我们要讨论的是如何建立有效的激励机制。

（3）网络书店的繁荣激励了实体书店，很多实体书店表示要在网上开店。

（4）对孩子要多鼓励少批评。

（5）政府采取措施鼓励下岗工人再就业。

（6）老师说他不鼓励学生带病坚持上课。

练习

一、根据课文判断正误。

(　　) 1. 中国广告业的经营单位和从业人员在数量上超过了美国和日本。

(　　) 2. 中国广告业的发展速度特别快。

(　　) 3. 入世没有给中国广告业带来直接冲击。

(　　) 4. 中国的企业和广告公司的合作期限比较长。

(　　) 5. 按照课文作者的看法,目前的中国广告业整体上还不太成熟。

(　　) 6. 现在的合资广告企业中,外方投资的比例比中方投资比例高。

(　　) 7. 广告公司需要的人才仅仅指资深广告人。

(　　) 8. 课文作者预计,随着合资广告公司和独资广告公司的大量出现,许多小公司将会倒闭。

(　　) 9. 改变目前的结构性缺陷是中国广告业走向成熟的根本。

(　　) 10. 知识经济条件下,广告公司的竞争,说到底是品牌的竞争、"名牌效应"的竞争。

二、给下列句子中划线的词语选择合适的义项。

折扣

A. 名词,买卖东西时,价钱按十分之几计算

B. 名词,比喻事物的数量或质量下降的程度

(　　) 1. 这个价钱已经打了不少<u>折扣</u>了。

(　　) 2. 对她的话应该打个很大的<u>折扣</u>来听。

(　　) 3. 我现在对足球的兴趣已经打了不少<u>折扣</u>。

（　　）4. 本店卖的都是名牌商品，不打折扣。

层次

A. 名词，（讲话、作文）内容的先后次序

B. 名词，同一事物由于大小、高低等不同而形成的区别

（　　）1. 海尔集团针对顾客的不同需求进行多层次的服务。

（　　）2. 他讲话条理清楚，层次分明。

（　　）3. 父母和孩子的年龄层次不同，爱好也不同。

（　　）4. 这篇作文的层次有些混乱。

自动

A. 形容词，主动

B. 形容词，不用人力而由机械装置自行操作

（　　）1. 机器有了自动开关，操作起来方便多了。

（　　）2. 没人叫他，他却自动来帮忙了。

（　　）3. 同学们自动组织起来，为那个孤儿募捐。

（　　）4. 现在很多微波炉都是电脑自动控制的。

三、用下列词语选择填空。

高枕无忧　　长此以往　　绝无仅有　　名列前茅　　大门洞开

从长计议　　为数不多　　白热化　　一锤子买卖　　资深

1. 为了减肥，她已有七天没吃饭了，_____，非影响健康不可。

2. 她每次考试都是_____。

3. 中国的空调市场前几年已经出现了竞争_____的趋势。

4. 祖冲之是中国古代_____的几位科学家之一。

5. 洪水的危险已经过去，可以过几天_____的日子了。

6. 中国近几年的经济发展速度之快在世界上是_____的。

7. 北京大学有很多_____教授。

8. 改革开放以后，中国_____，很多国外的商品和企业进入中国。

9. 企业要发展，必须要有长远眼光，不能做_____。

10. 这件事对你的一生太重要了，一定要_____。

四、辨析近义词并选择填空。

缺陷—缺点　　缓解—缓和　　松散—松弛

预见—预感　　趋势—趋向　　鼓励—激励

1. 直到考试结束，她紧张的心情才_____下来。

2. 我有一种不祥的_____。

3. 政府不应该_____无序的市场竞争。

4. 经过十多年的发展，中国房地产市场_____成熟。

5. 马路加宽后，交通阻塞现象有所_____。

6. 父母应及时纠正孩子的_____。

7. 那部电视剧情节_____，一点也不吸引人。

8. 他准确地_____了广告业发展的趋势。

9. 企业转换经营机制是经济发展的必然_____。

10. 不能嘲笑别人的生理_____。

11. 他的紧张情绪慢慢_____下来了。

12. 老师的话把大家的学习热情_____起来了。

五、用指定词语完成句子。

1. 你放心，_____。（相对）

2. 他的离开_____。（意味着）

3. 做任何事情都应该_____。（而后）

4. 很多企业都在_____。（盘算）

5. 你来之前打个电话，_____。（有所）

6. 私人汽车的大量出现，_____。（势必）

7. 他们表示，_____。（资深）

8. 我一直在想，_____。（无所）

六、综合填空。

在全球经济一体化的大环境下，__1__13年的艰苦谈判，中国__2__以自己的经济实力敲开了WTO的大门。1999年11月15日，中美两国就中国加入世界贸易组织问题__3__了协议。这__4__中国的经济将进一步与国际接轨，__5__发展中国家和中国自己的利益，并对全球经济的发展作出积极的贡献。

1. A. 由于　　　B. 因为　　　C. 经过　　　D. 至少

2. A. 最终　　　B. 终究　　　C. 最后　　　D. 到底

3. A. 形成　　　B. 达成　　　C. 实现　　　D. 达到

4. A. 说明了　　B. 表明了　　C. 表示着　　D. 意味着

5. A. 维持　　　B. 维护　　　C. 保护　　　D. 保持

七、排序。

1. A. 市场竞争日益激烈

   B. 随着中国地区经济水平不断上升

   C. 广告公司是提供高度专业化服务的企业

   D. 广告客户对专业化服务的要求也越来越高

   _____

2. A. 市场细分是一个大趋势
   B. 从现代广告理论来看
   C. 为所有客户提供"全方位"的服务
   D. 没有哪一家公司能在所有方面都优于对手

   _____

3. A. 广告公司要从客户的角度出发
   B. 在有必要的时候
   C. 为客户的长远发展、长期利益作出贡献
   D. 甚至可以积极介入客户的经营活动

   _____

4. A. 2014年网络广告的客户数量仍在稳定增长
   B. 目前网络已经成为继电视广播、报纸杂志和户外广告以外的第四大广告媒体
   C. 这证明客户已经逐渐了解到网络营销的重要性
   D. 有报告说，在目前资本市场对网络产业热度降低的情况下

   _____

5. A. 与美国网络广告几十亿美元的收入相距更远
   B. 网络广告的未来值得期待
   C. 但在国内互联网日渐成熟的大背景下
   D. 虽然现在网络广告在国内广告业的总收入中占有的份额不足1%

   _____

6. A. 广告对这类产品的推广起到了积极的引导作用
   B. 其购买率呈逐年上升趋势
   C. 随着人民生活水平的提高
   D. 各类营养保健食品开始被越来越多的人选用

   _____

八、根据下面的提示写一篇小的文章（250～300字）。

1. 中国广告业目前存在的主要问题是什么？
2. 为什么说入世给中国广告业带来了一次促进的机会？
3. 入世给中国广告业带来的不利因素主要有哪些？

Lesson 11

选择的可能性越多越好吗？对于这个问题，大部分人通常会给出肯定的回答。不过，经济学家却不这么认为。事实上，选择通常不是免费的，不仅选择后的身体力行需要成本，而且选择本身也是要花费成本的。那么，如何降低选择的成本呢？本文提出了两个方法：一是缩小选择的范围；二是设计成本较小的"选择制度"。

第十一课

选择的成本

课文

某国王有一个宝贝女儿，长得**国色天香**，如花似玉，向她求婚的**公子王孙**如**过江之鲫**，可是公主很挑剔，对所有男人**统统**看不上眼。

结果是**韶华**将去而**驸马**仍不知在何处，无奈之下，**丞相**想出了个办法：比赛**招亲**。

"比赛招亲"再陈旧不过了，不过故事的**进展**很有意思。

比赛招亲规定：以城外一百米为起点，第一个跑过五十米平地和游过五十米**护城河**的便是冠军。成为冠军的人，可以在"良田万亩"、"黄金万两"或者"招为驸马"三个**奖项**中任选一个。

一声令下，**成千上万**的勇士们如脱**缰**的野马一般向前跑去，跑到护城河边，大家惊呆了：河里游着几百条**张牙舞爪**的鳄鱼。

一分钟过去了，没有人往下跳；两分钟过去了，没有人往下跳；三分钟、四分钟、五分钟过去了，护城河边还是**一片寂静**。正当大家**无比**失望之际，就听"扑通"一声，一个小伙子跳进护城河，**拼死**向前游去。国王兴奋得大叫："加油！加油！"所有在场的人也放开**喉咙**为这位勇士**喝彩**。

奇迹出现了：小伙子满身鲜血、全身衣服无处不烂，可以说是**九死一生**，但居然游过了护城河。

民众对小伙子的勇敢非常敬佩，国王激动得紧紧握住了小伙子的手。丞相则**毕恭毕敬**地对小伙子说："勇敢的小伙子啊，请你从国王设立的三个奖项中选择一个吧，请问，你想要良田万亩吗？"小伙子用力摇摇头。丞相又问："那你是想要黄金万两了吧？"小伙子的头摇得更厉害了。丞相笑了："勇敢的小伙子啊，你不但拥有**过人**的勇气，还拥有上帝一般的智慧，你一定是选择第三个奖项，要做我国的驸马。那样，你不但可以有良田万亩、黄金万两，同时还可以得到世界上最美丽的妻子，对吧？"

终于喘过气来的小伙子直起身，哑着声音说："不！"全场的人都愣住了，小伙子接着转过身子，向丞相大吼："刚才是哪个王八蛋把我踢下水去的？！"

选择越多越好吗

从上面这个故事中可以悟出的一条经济学原理就是：选择并非越多越好。

这与我们一般的想象相悖。通常，大家都会觉得可供选择的范围越广越好，可供选择的对象越多越好。其实，这个结论只有在选择无须费用的情况下才能成立。可事实上，选择通常不是免费的，不仅选择后的**身体力行**需要成本，而且选择本身也是要花费成本的。

至于选择并非免费的原因，经济学家表示不止一种。比如说，人们为了做出合理的选择，需要相关信息，这些信息通常不是免费的；对于获得的信息，要**甄别**它们的真假，这就要**消耗**资源；而有了充分、真实的信息，为合理决策，人们还需要培养选择能力，为此也必须支付费用；有了选择的能力和好的信息，人们还要花费时间与精力来做出选择；另外，人在做出选择时，有时要和他人**通气**，或借助于咨询机构，甚至还得**报批**，因此难免会增加选择的费用……

由于选择需要成本，经济学家证明，这时存在着一个最优的选择**边界**——别无选择或选择太少固然不好，但也不是选择的可能性越多越好。

降低选择成本

在本文开头的故事中，公主**择婿**的可能性天下第一。但是，公主择婿的成本可能也是天下第一。事实上，公主择婿的范围越广，从"**候补女婿**"中找到"最优者"所需要的成本就越高。因此，除非减少一些选择，否则从理论上几乎可以肯定公主永远也找不到驸马。

降低选择成本的一个办法是缩小选择范围。故事中，公主将选择对象限于"公子王孙"，这就是选择范围的缩小，应该说它非常有利于公主减少择婿成本。然而，看样子择婿的成本依然太高，或者公主本人选择能力实在太差，**以致**公主在缩小了选择范围的情况下还是难以**了**却心愿。

对于有些人来说，有时候选择范围的缩小是被动的，就像那个落入护城河的小伙子，他下河并非自愿，而是被人踢到了河中，结果只好拼死游到对岸。

减少选择成本的第二个办法是设计成本较小的"选择制度"。比如，公主引入市场竞争机制，用"比赛招亲"的办法来发现最优者，客观性和公平性显然都很不错，相比于原先公主和国王搞"计划经济"，一个个地去**盲人摸象**好多了。不过，游戏规则对于公平竞争非常重要——故事中，公主和国王似乎都没有想到，假如没有人跳下河，或者有人跳下河却非自愿该怎么办？

世人无不希望自由越多越好，但如果真的让他们自由，这些人则又像弗洛姆说的那样，常常要"**逃避**自由"。世界上也有这样一类人，有时"上帝之手"**掷**下的**骰子**，碰巧会帮助他减少选择范围，从而**造就**了他，让他成为大英雄。人们通常所说的"运气"或"不确定性"指的就是这类**偶然性**的东西。

环顾四周，鳄鱼还在不停地扑来，你是选择出刀，还是抱怨命运？为自己**祈祷**吧，上帝有时看似抛弃了你，其实是在**拯救**你。

生词

国色天香	guó sè tiān xiāng		原是形容色香俱美的花，后常用来形容女子容貌十分美丽
公子王孙	gōng zǐ wáng sūn		官僚、贵族的子弟
过江之鲫	guò jiāng zhī jì		形容某类人或某种事物数量多
统统	tǒng tǒng	副词	通通
韶华	sháo huá	名词	比喻美好的青年时代
驸马	fù mǎ	名词	皇帝女婿的专称

丞相	chéng xiàng	名词	古代辅佐君主的职位最高的大臣
招亲	zhāo qīn	动词	招人到自己家里做女婿
进展	jìn zhǎn	动词	（事情）向前推进发展
护城河	hù chéng hé	名词	人工挖掘的围绕城墙的河，古代为防守用
奖项	jiǎng xiàng	名词	某一项奖励
成千上万	chéng qiān shàng wàn		多得用千万数，形容数量非常多。也说成千累万，成千成万
缰	jiāng	名词	即缰绳，指牵牲口的绳子，reins
张牙舞爪	zhāng yá wǔ zhǎo		形容野兽凶猛的姿态，也常用来形容人的凶恶样子
鳄鱼	è yú	名词	一种爬行动物，鳄的俗称，crocodile
寂静	jì jìng	形容词	没有声音，很静
无比	wú bǐ	动词	没有别的能够相比（多用于好的方面）
拼死	pīn sǐ	副词	尽最大的力量；极度地
喉咙	hóu lóng	名词	咽喉，throat
喝彩	hè cǎi	动词	大声叫好
九死一生	jiǔ sǐ yī shēng		形容处境极端危险或多次经历极大的危险而幸存
民众	mín zhòng	名词	人民大众
毕恭毕敬	bì gōng bì jìng		形容十分礼貌、恭敬，也写作"必恭必敬"
过人	guò rén	动词	超过一般人
吼	hǒu	动词	发怒或情绪激动时大声叫喊

原理	yuán lǐ	名词	带有普遍性的、最基本的、可以作为其他规律基础的规律；具有普遍意义的道理，principle
悖	bèi	动词	相反，违反
身体力行	shēn tǐ lì xíng		亲身体验，努力实行
甄别	zhēn bié	动词	审查辨别（优劣、真伪）
消耗	xiāo hào	动词	（精神、力量、东西等）因使用或受损失而逐渐减少 近义词：消费
通气	tōng qì	动词	互通声气
报批	bào pī	动词	报请上级批准
边界	biān jiè	名词	地区和地区之间的界线（多指国界，有时也指省界、县界）
择婿	zé xù		挑选女婿
候补	hòu bǔ	动词	等候递补缺额，be a candidate (for a vacancy)
以致	yǐ zhì	连词	用在下半句话的开头，表示下文是上述原因造成的结果（多指不好的或说话人不希望的结果） 近义词：以至
了却	liǎo què	动词	了结
盲人摸象	máng rén mō xiàng		比喻对事物了解不全面，以点带面，以偏概全，乱加推断
逃避	táo bì	动词	躲开不愿意或不敢接触的事物
掷	zhì	动词	扔，投

骰子	tóu zi	名词	即色子,一种游戏用具或赌具,用骨头、木头等制成的立体小方块,六面分别刻有一、二、三、四、五、六个点,dice
造就	zào jiù	动词	培养使有成就
偶然性	ǒu rán xìng	名词	指事物发展、变化中可能出现也可能不出现,可以这样发生也可以那样发生的情况,chance, a rare circumstance 反义词:必然性
环顾	huán gù	动词	向四周看,环视 近义词:环视
祈祷	qí dǎo	动词	一种宗教仪式,信仰宗教的人向神灵默告自己的愿望
拯救	zhěng jiù	动词	救助使脱离危难

 注 释

一、所有男人**统统**看不上眼

统统,副词,表示全部。在句子中作状语,后面跟动词。也可以说成"通通"。

例如:

(1)你把这个项目的资料统统收集在一起。

(2)周一上午,各部门的负责人统统都要到会议室开会。

(3)一出门,小王就把经理的话统统忘到脑后了。

（4）他们厂已经将旧机器统统淘汰下来，换上了新设备。

二、"比赛招亲"再陈旧不过

"再……不过……"，"再"的后面跟形容词，意思是"没有比……更……"，也可以说"再……（也）没有了"。

例如：

（1）如果你能跟我一起去，那就再好不过了。

（2）这件衣服穿在她身上再合适不过了。

（3）给她打个电话道个歉，是再简单不过的办法。

（4）在他看来，饭后吸一支烟是再美不过的享受。

三、正当大家无比失望之际

"正当……之际"，意思是"正在……的时候"，强调事情正在发生。"当"的后面跟动词短语或小句，不能与单独的时间词组合。

例如：

（1）阿里的护照不见了，正当坐立不安之际，接到了导游打来的电话。

（2）正当同学们议论纷纷之际，老师走进了教室。

（3）正当大家焦急等待之际，一辆汽车疾驰而来。

（4）玛丽梦到了考试，正当万分紧张之际，闹钟把她吵醒了。

四、但居然游过了护城河

"居然"，副词，近义词"竟然"，两个词都表示出乎意料。区别在于："居然"可以用在主语前，也可以用在主语后，而"竟然"只用在主语后面。

例如：

（1）这么重要的事情，居然你忘得一干二净。/ 这么重要的事情，你竟然（或：居然）忘得一干二净。

（2）一天之间，居然所有的问题都解决了。/ 一天之间，所有的问题竟然（或：居然）都解决了。

（3）谁也想不到，这次的试题居然（或：竟然）如此简单。

五、这与我们一般的想象相悖

"与……相悖"，意思是"跟……相违背"、"与……相反"。

例如：

（1）我们的行为不能与言语相悖。

（2）你的解释是误读，完全与原文的意思相悖。

（3）这与公司的规定相悖，我们绝不能这样做。

（4）政府过度干预经济，是与市场化改革取向相悖的。

六、至于选择并非免费的原因

"至于"，介词，引入既与上文相关联而又独立的另一个话题。

例如：

（1）这仅仅是我个人的一点意见，至于这样做好不好，请大家再考虑一下。

（2）我们是肯定要去的，至于什么时候去，我们还没决定。

（3）我只知道他学过汉语，至于学了几年，我就不清楚了。

与"关于"的比较：用"关于"的句子只有一个话题，也不是在原来的话题之后引出相关的另一个话题。"关于"还可以用在书名、文章、报告的标题中，"至于"没有这种用法。

例如：

（1）我看了一本关于中日文化交流的书。

（2）这是一份关于事故原因的调查报告。

（3）这篇文章的题目是《关于生命的起源》。

七、要甄别它们的真假，这就要**消耗**资源

"消耗"，近义词是"消费"，两个词都是动词。区别如下：

1. "消耗"指因使用或受损失而渐渐减少，有时带有贬义；"消费"指为了生产和生活需要而把东西用掉，是中性词。

2. "消耗"的对象可以是具体的财物，也可以是抽象的事物，如时间、精力、能量等；"消费"的对象是较具体的财物。

例如：

（1）比赛前要注意休息，不要过多地消耗体力。

（2）造纸业每年要消耗大量木材。

（3）中国人口众多，每个人多消费一点儿，便是一个惊人的数字。

（4）很多国家推出了"旅游购物节"，吸引外国游客前来消费。

八、因此**难免**会增加选择的费用

"难免"，形容词，不容易避免（某种结果），前面是原因或条件，后面是结果。这个结果在多数情况下对说话人或当事人是不利的或不希望发生的。

1. 主要用在动词（动词短语前），后面常跟"要、会"。

例如：

（1）伪劣商品多了，再小心也难免上当。

（2）刚开始管理一个公司，难免会遇到一些困难。

（3）没有经验，难免要走弯路。

动词前面有时加"不"，但意思不变，不表示否定。

例如：

（4）汽车尾气排放问题不解决，难免不造成空气污染。

（5）企业缺乏竞争力，难免不被挤垮。

2. "难免"可以用在主语前。

例如：

（6）参加考试的人多了，难免有人考不上。

（7）你也做得太过分了，难免老板要开除你。

3. "难免"单独作谓语时，通常要放在"是……的"中间，主语常是动词短语、小句或"这、那"。

例如：

（8）这么晚了丈夫还没回来，做妻子的有些着急，这也是难免的。

（9）失恋了，伤心总是难免的。

（10）刚刚参加训练，不得要领，动作有些生硬，那也是难免的。

4. "难免"修饰名词时，一定得带"的"，名词限于"现象、事情、情况"等少数几个。

例如：

（11）你别太难过了，生老病死也是人生难免的事情。

（12）经商时被欺骗也是难免的现象。

九、**除非**减少一些选择，**否则**从理论上几乎可以肯定公主永远也找不到驸马

"除非"，连词，强调某条件是唯一的先决条件，可以用于前一小句，也可以用于后一小句。

例如：

（1）除非你五点以前去排队，才有可能买到票。

（2）除非你去，不然他是不会去的。

（3）明天七点准时出发，除非临时有事。

（4）他们月底前不会完成任务的，除非有奇迹发生。

"否则",连词,意思是"如果不是这样",表示对上文假设的否定,并指出否定的结果。在句中连接小句,用在后一小句的开头。

例如:

(1)她一定有急事,否则不会这么晚来找我。

(2)看来他的确很忙,否则为什么还不给我们打电话。

(3)你应该赶紧开始准备,否则时间来不及。

(4)幸亏你提醒我,否则我就迟到了。

"除非"和"否则"可以在同一句中搭配使用,分别表示条件和结果。

例如:

(1)除非你说出充足的理由,否则我是不会同意的。

(2)除非大家一起努力,否则这项任务是完不成的。

(3)除非有特殊情况,否则原定计划不能改变。

(4)除非你去找她,否则她是不会出席这次宴会的。

十、以致公主在缩小了选择范围的情况下还是难以了却心愿

"以致",与"以至"是一对近义词。两词同为连词,都用在复句的后一分句,表示由于上文所说的原因而出现某种情况。虽然两词有时可以互换,但表达的意义不同。两词区别如下:

1."以致"中的"致"是"导致"的意思,"以致"表示产生某种不理想的结果,用来说明前一分句产生的结果往往是不好的,人们所不希望的;"以至"中的"至"是"到"的意思,"以至"强调到达某种程度,用在后一分句说明前一分句达到了某种程度,也可以说成"以至于"。

2."以至"还可以表示范围、数量、时间、程度等方面的延伸或发展,有"直到"、"一直到"的意思,"以致"没有这个用法。

例如:

(1)由于人类的大量捕杀,以致很多珍稀动物急剧减少。

（2）城市空气污染严重，以致很多人得了呼吸系统疾病。

（3）大家听得津津有味，以至于没有人注意到下课铃早已响过。

（4）社会发展如此迅速，以至很多老年人都感到有必要重新学习。

（5）课文读一遍不懂，就读两遍、三遍，以至更多遍。

十一、世人**无不**希望自由越多越好

"无不"，副词，在句子中作状语，意思是"没有一个不"。

例如：

（1）听了这个好消息，大家无不欢欣鼓舞。

（2）游览过张家界的人，无不被这里的美景深深地吸引。

（3）运动员的每一块奖牌，无不凝聚着辛勤的汗水。

（4）看到这样精彩的比赛，观众无不为选手们加油喝彩。

十二、这些人则又像**弗洛姆**说的那样

艾瑞克·弗洛姆（1900—1980），美籍德裔哲学家、心理学家。1941年，弗洛姆出版了《逃避自由》一书，从人的心理、社会因素和人性结构三者相互影响的角度探讨了自由对现代人的意义。一方面，由于人们对个体意识的强调，每个生命个体都获得了越来越多的自由；另一方面，由于人与人之间的关系日益疏远，人们感到更多的孤独和不安，以致忍受不了这种随自由而来的孤独和寂寞，所以试图通过各种方式逃避自由。

练 习

一、根据课文判断下面句子的对错，并在括号内画"√"或"×"。

（　　）1. 向公主求婚的男人不多。

(　　) 2. 丞相想出的办法并不新鲜。

(　　) 3. 比赛的冠军一定会成为驸马。

(　　) 4. 护城河的水太深，所以没人敢往下跳。

(　　) 5. 游过护城河的小伙子非常勇敢。

(　　) 6. 别无选择或选择太少都不好。

(　　) 7. 将公主择偶的对象限于公子王孙，缩小了选择范围。

(　　) 8. 好的制度可以减少选择的成本。

二、给下列句子中画线的部分选择适合的义项。

决策

A. 动词，决定策略或办法

B. 名词，决定的策略或办法

(　　) 1. 在目前的状况下，这是一个完全正确的<u>决策</u>。

(　　) 2. 企业的<u>决策</u>者应该有大局观念。

(　　) 3. 这项<u>决策</u>是由公司董事会做出的。

(　　) 4. 在这样复杂的局面下，如何合理<u>决策</u>决定着企业的前途。

造就

A. 动词，培养使有成就

B. 名词，成就；已经达到的程度（多指学术）

(　　) 1. 他在计算机技术方面有很高的<u>造就</u>。

(　　) 2. 经过多年的学习，她总算有了点<u>造就</u>。

(　　) 3. 大学应该<u>造就</u>一大批专门人才。

通气

A. 使空气流通

B. 互相交流信息

（　　）1. 他和同屋吵架了，两人几天没通气。

（　　）2. 这种房间没有窗，通气性差。

（　　）3. 有什么问题，一定要及时通气。

三、用下列词语选择填空。

统统　　无比　　成千上万　　张牙舞爪　　九死一生

寂静　　喝彩　　毕恭毕敬　　盲人摸象　　身体力行

1. 面对着一群_____的野兽，没有人不紧张。

2. 这些书我不用了，你_____拿走吧。

3. 如果我们不进行调查研究，只凭片面的印象就下结论，那不是_____吗？

4. 每次见到老人，他都要_____地问好。

5. 这部电影讲述了一位探险者_____的经历。

6. 听到这个好消息，大家都_____兴奋。

7. 夜晚游人散去，公园里格外_____。

8. 公司成立几十年，打过交道的客户_____。

9. 作为领导者，_____地起带头作用是非常重要的。

10. 演员们精彩的演出，赢得了观众们的_____。

四、辨析下列词语并选择填空。

居然—竟然　　以至—以致

关于—至于　　消耗—消费

1. 我只知道他辞职了，_____原因，我就不太清楚了。

2. 资料室有没有_____中国保险业发展历史的资料？

3. 这项运动太_____体力了，不适合于老年人。

4. 隔壁宿舍的同学到了夜里就大声放音乐，_____我整夜无法入睡。

5. 这样大的工程，_____在一年之内完成了。

6. 这么重要的消息，_____大家都不知道。

7. 近些年，中国游客出境游人数大增，境外_____增长迅猛。

8. 报名参加培训的人数太多了，_____学校不得不多开了两个班。

五、用指定词语完成句子。

1. 他告诉大家，_____。（与……相悖）

2. _____，老师不会同意的。（除非）

3. 你最好亲自去，_____。（否则）

4. _____，小王提出了一个方案。（正当……之际）

5. 这些内容很重要，_____。（统统）

6. 老李提出的这个办法_____。（再……不过）

7. 对孩子管得过多，_____。（难免）

8. 听到小王带来的这个消息，_____。（无不）

9. 大卫整天在玩游戏，_____。（以致）

六、仿照下列句子，用括号里的词语造句。

1. 结果是韶华将去而驸马仍不知在何处，无奈之下，丞相想出了个办法：比赛招亲。（无奈之下……）

2. "比赛招亲"再陈旧不过，不过故事的进展很有意思。（再……不过）

3. 正当大家无比失望之际，就听"扑通"一声，一个小伙子跳进护城河，拼死向前游去。（正当……之际……）

4. 勇敢的小伙子啊，你不但拥有过人的勇气，还拥有上帝一般的智慧，你一定是选择第三个奖项，要做我国的驸马。（不但……还……）

5. 可事实上，选择通常不是免费的，不仅选择后的身体力行需要成本，而且选择本身也是要花费成本的。（不仅……而且……）

6. 至于选择并非免费的原因，经济学家表示不止一种。（至于……）

7. 别无选择或选择太少固然不好，但也不是选择的可能性越多越好。（固然……但……）

8. 除非减少一些选择，否则从理论上几乎可以肯定公主永远也找不到驸马。（除非……否则……）

9. 看样子择婿的成本依然太高，或者公主本人选择能力实在太差，以致公主在缩小了选择范围的情况下还是难以了却心愿。（以致……）

10. 世人无不希望自由越多越好，但如果真的让他们自由，这些人则又像弗洛姆说的那样，常常要"逃避自由"。（无不……但如果……）

七、按照适当顺序排列下面的句子。

1. A. 但居然游过了护城河
   B. 小伙子满身鲜血、全身衣服无处不烂
   C. 可以说是九死一生
   D. 奇迹出现了
   _____

2. A. 鳄鱼还在不停地扑来
   B. 环顾四周
   C. 还是抱怨命运
   D. 你是选择出刀
   _____

3. A. 世界上也有这样一类人
   B. 碰巧会帮助他缩小选择范围
   C. 从而造就了他
   D. 有时"上帝之手"掷下的骰子
   E. 让他成为大英雄

   _____

4. A. 但如果真的让他们自由
   B. 常常要"逃避自由"
   C. 这些人则又像弗洛姆说的那样
   D. 世人无不希望自由越多越好

   _____

八、根据下列提示写一篇小作文（300字左右）。

1. 你怎样看待文中讲的小故事？
2. 你同意作者的观点吗？为什么选择并非越多越好？
3. 你觉得有哪些方法可以降低选择的成本？

_____

_____

_____

_____

_____

_____

_____

Lesson 12

中国实行社会主义市场经济政策后,消费品市场出现了很多成功的营销活动。这些营销活动直接成就了各种品牌的辉煌,创造了一个又一个成功的营销案例,同时创造了属于自己的经典,请看本篇课文介绍的四个经典案例。

第十二课
营销经典四例

酷儿果汁：角色营销魅力四射

2002年的果汁饮料大战中，表现最**抢眼**的品牌非可口可乐公司的"酷儿"莫属。"酷儿"在众多竞争对手中**胜出**，在中国区推出时间不到一年，已迅速**跃升**到果汁市场的第三位，广州、上海、北京等城市甚至出现了一股"酷儿"热，销量成倍增长。

可口可乐这次成功的**秘诀**是成功的**角色**营销策略。"酷儿"在中国市场细分的目标群体是6~14岁的儿童，这一策划不同于大部分果汁品牌针对女性市场的人群定位，也为"酷儿"角色的引入创造了条件。"酷儿"得到了孩子们的喜爱，成为他们指定购买的果汁品牌。针对作为直接购买者的孩子父母，可口可乐公司通过理性**诉求**强调功能利益点：果汁里添加了维生素C及钙，这无疑给注重孩子健康的父母吃了**定心丸**，酷儿果汁因**此走红**。顶着大大的脑袋，右手叉着腰、左手拿着果汁饮料，**陶醉**地说着"Qoo……"的蓝色娃娃在广告和终端活动的推广下，成了**家喻户晓**的名人，更成为儿童喜欢的漫画人物。

角色营销实际上是企业品牌形象营销战略的一部分，可口可乐公司这次采用"角色营销"，通过富有感染力和**亲和力**的"酷儿"角色引导消费行为，使营销功能得到了完美体现。

农夫山泉：阳光工程创新公益事业

2002年，农夫山泉启动面向贫困地区基础体育事业的"阳光工程"，公司通过开展"买一瓶水、捐一分钱"活动，向全国24个省贫困地区的中小学校**捐赠**了价值500多万元的体育**器材**。

在包装水行业，农夫山泉擅长使用打破常规却又**行之有效**的营销策略。2002

年既有韩日世界杯也有亚运会，一贯擅长赞助体育事业的农夫山泉却没有在媒体上投放与世界杯、亚运会相关的广告，而是做了一件相对**默默无闻**却富有意义的事——推出"阳光工程"，**呼吁**更多企业和社会力量关注贫困地区体育事业的发展。这是农夫山泉继2001年"一分钱支持申奥"以来的又一个"一分钱"活动，只是关注的对象转向了贫困地区渴望运动的孩子。如同农夫山泉自己所说的，"阳光工程"完成了从"**锦上添花**"到"**雪中送炭**"的转变。

不是以个人名义而是代表消费者群体支持公益事业，这种做法在公益活动中是一个**创举**。企业在利用商业推广活动把社会资本转化为经济效益的同时，带头关注社会**弱势**群体，并提供一定的经济和物质**资助**，这种做法也建立起一种新的模式：以企业行为带动社会行为，以个体力量拉动整体力量，以商业性活动推动公益事业。

太极睡宝：太极拳法

作为太极集团的第一个保健产品，睡宝上市后经过不到一年的运作，已经逐渐显示出**强劲**的势头。

在睡眠类产品市场上，脑白金已经**先入为主**，通过礼品市场和老年人群坐上了头把交椅。睡宝在人群定位上以女性睡眠和美丽作为**切入**点，这样既成功避免了与脑白金的正面**交锋**，又有利于太极公司发挥在女性市场上取得的经验，同时还透露出睡宝的一个营销策略：先在女性人群中取得部分市场，再扩大到老年人以及所有需要人群，就像太极拳里的云手，层层推进。

与脑白金的高调宣传不同，2002年睡宝的广告宣传，太极集团打的也是太极拳法，高调与低调互相配合，富有节奏感。4月份，睡宝低调入市，通过终端**促销**和**口碑**营销打开市场。世界杯期间，通过黄金时段的广告投放高调宣传，强调"美丽的女人睡出来"这一主题。在央视，睡宝取得世界杯**赛事**上下半场结束的首个广告时段。极高的关注度加上太极集团本身的知名度，使产品**一举成名**。世界杯后，睡宝的广告宣传很快又转入了**收敛**状态，不再**大肆张扬**，而把重点放到了渠道的控制和管理上。这样的整体营销策划，也为睡宝赢得了消费者的好感，直接拉动了销售。

光明牛奶：大打"无抗"牌

2002年4月，光明乳业的王佳芬在国家经贸委市场司召集的乳业**巨头**会上宣称：在上海实现"无抗奶"，随后又把范围扩大到全国。6月起，光明包装盒上也印出了"无抗奶"的**字样**。"无抗奶"概念的推广很快引发行业震荡，北京三元、内蒙古伊利等乳业巨头纷纷**效仿**，也打出"无抗"牌，就连武汉的友芝友和南京的卫岗也参与进来，想从"无抗"牌中分到一杯**羹**。

光明乳业大打"无抗"牌，获得营销上的极大成功，这一做法也是它实现扩张的最大**底牌**。2003年，光明在上海、浙江、天津、山东等地大肆扩张，使用的手段都是OEM（Original Equipment Manufacture，委托加工）模式：将生产制造外包给其他公司，自己专注于产品设计研发、销售、服务与品牌推广。这一"轻资产输出"方式需要光明品牌的更多支持，而"无抗奶**旗手**"无疑成为其健康的权威代言。诉求健康也与光明把阳光男孩、奥运会冠军田亮作为形象代言人的营销策略**遥相呼应**。

"无抗奶"概念也成为光明**清除**竞争对手的最好武器。无抗奶，即用不含抗生素的原奶生产的奶制品，是一项与国际接轨的标准。作为乳业巨头，光明打破常规，公开提出"无抗"概念，使之成为竞争的**杀手锏**，不仅在自己与竞争者之间树立起了一道技术**壁垒**，而且提高了乳业的准入条件。一旦"无抗奶"概念在市场普及并被消费者认可，小企业们除了投靠行业巨头外没有太多的生存空间，这种局面显然有利于光明乳业扩张的顺利进行。

生词

| 营销 | yíng xiāo | 名词 | 以满足消费者需要为中心的系统的销售活动，marketing |

经典	jīng diǎn	形容词	具有典型性的、影响较大的
抢眼	qiǎng yǎn	形容词	引人注目；显眼
胜出	shèng chū	动词	（在比赛或竞争中）胜过对手
跃升	yuè shēng	动词	跳跃式地上升
秘诀	mì jué	名词	能解决问题的不公开的巧妙办法
角色	jué sè	名词	比喻生活中某种类型的人物
诉求	sù qiú	动词	诉说理由并提出请求
定心丸	dìng xīn wán	名词	比喻安定人心的政策或能使人的思想、情绪安定下来的言语或行为
走红	zǒu hóng	动词	大受欢迎
陶醉	táo zuì	动词	沉浸在某种境界或感受中，深深地感到满足
家喻户晓	jiā yù hù xiǎo		每家每户都知道，形容人人皆知
亲和力	qīn hé lì	名词	比喻使人亲近、愿意接触的力量
公益	gōng yì	名词	社会公共的利益（多指卫生、救济等群众福利事业）
捐赠	juān zèng	动词	捐献、赠送
器材	qì cái	名词	器械和材料的合称
行之有效	xíng zhī yǒu xiào		实行起来很有效果。多指已经实施过的方法或措施
默默无闻	mò mò wú wén		形容没有名气，不被人知道 反义词：赫赫有名
呼吁	hū yù	动词	向个人或社会申述，希望得到同情、支持或引起重视
锦上添花	jǐn shàng tiān huā		在织锦上再绣花，比喻好上加好
雪中送炭	xuě zhōng sòng tàn		下雪天给别人送炭火取暖，比喻在别人困难和急需时给予帮助

创举	chuàng jǔ	名词	从来没有过的具有重大意义的举动或事业
弱势	ruò shì	名词	弱小的势力 反义词：强势
资助	zī zhù	动词	用钱财（或物资）帮助 近义词：帮助，赞助
太极拳	tài jí quán	名词	中国的一种流传很广的传统拳术，动作柔和缓慢，既可用于攻击和防守，也可增强体质、防病健身
强劲	qiáng jìng	形容词	强有力的
先入为主	xiān rù wéi zhǔ		先接受了一种说法或思想，以为是正确的，有了成见，后来就不容易再接受不同的观点或思想
切入	qiē rù	动词	（从某个地方）深入进去
交锋	jiāo fēng	动词	比喻双方比赛或较量或争论
促销	cù xiāo	动词	工厂、商店为引起消费者对自己生产、经营的产品的兴趣，用广告及其他方法推动、促进销售，promote sales
口碑	kǒu bēi	名词	比喻群众口头上的称颂，有时也指群众口头上的评价
赛事	sài shì	名词	指比赛活动
一举成名	yī jǔ chéng míng		一下子就出了名
收敛	shōu liǎn	动词	约束、控制（放纵的言行） 反义词：放纵
大肆	dà sì	副词	毫无顾忌地（含贬义）

张扬	zhāng yáng	动词	把隐秘的或不必让众人知道的事情声张、宣扬出去 反义词：掩盖
巨头	jù tóu	名词	政治、经济界等有强大实力、能左右局势的人
字样	zì yàng	名词	用在某处起标志、提示等作用的词语或简短的句子
效仿	xiào fǎng	动词	依照现成的方法或式样去做；模仿，仿照
羹	gēng	名词	蒸成或煮成的汁状或糊状食物
底牌	dǐ pái	名词	比喻留着最后使用的最强力量或没有说出的真正意图
旗手	qí shǒu	名词	在队伍（行列）前面打旗子的人，比喻领导者或先行者
遥相呼应	yáo xiāng hū yìng		远远地互相照应、配合
清除	qīng chú	动词	彻底除去，全部去掉
杀手锏	shā shǒu jiǎn	名词	又叫"撒手锏"，比喻最关键的时刻使出的最拿手的本领
壁垒	bì lěi	名词	比喻对立的阵营或对立事物的界限，defensive wall

 释

一、这一**策划**不同于大部分果汁品牌针对女性市场的人群定位

"策划"，谋划、想办法，"策动"是它的近义词。两个词都是动词，都有谋

划的意思，区别在于：

1. "策划"侧重在为采取行动而想办法；"策动"侧重在鼓动别人采取某种行动。

2. "策划"的对象只能是事件；"策动"的对象可以是人也可以是事件。

3. "策划"的对象不仅可以是重大的政治、军事活动，还可以是某项方案、某个剧本等；"策动"的对象常常是起义、政变等军事或政治的重大行动。

例如：

（1）警察还没有找到这次恐怖袭击的幕后策划者。

（2）如何做好这个项目，我们需要好好策划一下。

（3）这个有名的广告是由奥美广告公司策划的。

（4）那个军人最近策动了一次军事政变，但没有成功。

（5）美国逮捕了4名涉嫌策动"9·11"周年袭击的嫌疑人。

（6）他成功地策动了同事们跟老板谈判加薪。

二、这无疑给注重孩子健康的父母吃了定心丸

"无疑"，形容词，意思是没有疑问。在句子中可以作定语、谓语、状语，作定语时一定要带"的"。

例如：

（1）对于记者提出的问题，那位明星做出了肯定无疑的回答。

（2）啤酒公司这次大规模的促销活动无疑是成功的。

（3）加入WTO无疑会给中国的广告业带来巨大的冲击。

（4）看来，那个球队获得最后的冠军已经确定无疑了。

三、**终端活动**的推广下／通过**终端促销**和口碑营销打开市场

"终端促销（活动）"是市场营销学中的一个概念，要明白什么是"终端促销（活动）"，得先明白什么是"促销"。"促销"就是以合适的时间、在合适的地点、用合适的方式和力度加强与消费者的沟通，促进消费者的购买行为。促销的内容

和形式主要有媒体广告、户外广告、张贴横幅、优惠销售、免费赠送、店员推荐、树立好口碑、渠道促销、超市促销、广场促销、活动促销等。

产品从工厂生产出来到送达消费者使用，经历了产品、商品，而最终被消费掉的过程。在送到消费者手里之前，可能要经过生产商、批发商（甚至多级批发商）、零售商的交易过程，虽然是在交易，但并没有消费产品本身，这是流通渠道。当产品在零售商与消费者之间交易以后，产品本身将会被消费，这个环节就是终端。终端促销（活动）就是通过信息传播和说服活动，与个人、组织或群体沟通，直接或间接地促使他们接受某种产品。

终端促销（活动）已被列为营销环节中非常重要的一环，它的重要性也已经被越来越多的营销人员认同和接受。

四、如同农夫山泉自己所说的

"如同"，动词，好像。"如同"是一个特殊的动词，它不单独作谓语，不带"着、了、过"，不带数量补语。它的主语和宾语可以都是动词性的，或者其中一个是动词性的，它的句尾可以用"一般"、"一样"等词。

例如：

（1）那些假花做得特别好，如同真花一样。

（2）看着她的笑脸，如同看着一朵美丽的花。

（3）那场车祸升起的浓烟如同"9·11"再现。

（4）工厂绿化得如同花园一般。

五、并提供一定的经济和物质**资助**

"资助"指（用钱财或物资）帮助，近义词是"赞助"。"赞助"指支持、帮助，多指拿出财物帮助。这两个词都是动词，都可以指在经济上帮助别人，区别在于：

1."资助"指在对方困难时给予帮助，这种帮助是无偿的，不含有宣传自己的意图；"赞助"给予对方的经济帮助是有附带条件的，目的是借赞助行为宣传自己。

2. "资助"的对象可以是团体，也可以是个人；"赞助"的对象通常是团体、体育项目、比赛、活动等。

例如：

（1）那家公司资助了10个成绩优秀的贫困大学生。
（2）比尔·盖茨拿出2亿美元资助疾病控制研究。
（3）国际红十字会决定资助中国农村的失学儿童。
（4）很多企业都为这部电视剧的拍摄提供了赞助。
（5）NIKE体育公司是很多美国球队的赞助商。
（6）有很多大企业表示愿意赞助2016年巴西奥运会。

六、以商业性活动**推动**公益事业／就像太极拳里的云手，层层**推进**

"推动"，指使事物前进，使工作展开；"推进"，指推动事业或工作，使发展前进。两词都是动词，都可以指使事物前进，区别在于"推动"侧重表示用某种力量使事物脱离静止状态或开始运动；"推进"侧重表示用某种力量使事物向前移动，或使前进中的事物加速前进。

例如：

（1）那个声明把两国关系推进到了一个新的阶段。
（2）教育部要求中小学全面推进素质教育。
（3）这次谈判的成功进一步推动了两个公司合作关系的发展。
（4）要把规范资本市场的工作扎扎实实地推动起来。
（5）这一强大的动力正推动着我们努力工作。
（6）中国有关西部大开发的政策推动了西部的快速发展。

七、睡宝上市后经过不到一年的**运作**

"运作"，可以指（组织、机构等）进行工作，也可以指开展活动。近义词是"操作"，可以指按照技术要求和既定程序进行活动，也可以指进行工作。两词都是动词，区别在于：

1. "操作"除指活动外，还可以指劳动；"运作"不能指劳动。

2. "操作"的主语可以是人，也可以是物；"运作"的主语一般是物。

例如：

（1）那部电影由于市场运作经验不足，票房很差。

（2）总经理介绍了公司成功的商业运作模式。

（3）中远鞍钢航运公司已于6月6日正式在大连组建并开始运作。

（4）这个方案有很强的操作性。

（5）小张熟练地操作着电脑。

（6）人们很快熟悉了新机器的操作要领。

八、通过礼品市场和老年人群**坐上了头把交椅**

"坐上了头把交椅"，指占据了第一重要的位置，也可以说"占据了第一的宝座"。"坐交椅"是一个习惯用语。"交椅"，古代的一种椅子，椅子腿交叉，能折叠，"坐交椅"比喻占据某种位置。这个短语在句子中使用时，常常在"坐"和"交椅"之间加上数量词或形容词，以修饰和形容"位置"，如"头把"、"二把"、"三把"、"第一把"、"铁"等。

例如：

（1）他既没有能力又没有功劳，为什么让他坐第一把交椅呢？

（2）我们必须打破干部终身制，废除这种坐铁交椅的不正常现象。

（3）海尔公司通过不断创新在家电市场坐上了头把交椅。

（4）2008年奥运会，中国以金牌总数51枚的成绩坐上了第一把交椅。

九、不再**大肆**张扬

"大肆"，副词，毫无顾忌地进行，多用于贬义（用在积极方面较少），后面加动词和动词短语。

例如：

（1）他拿着公司的钱，吃喝玩乐，大肆挥霍。

（2）为了当上市长，他四处游说，大肆活动。

（3）他在众人面前大肆吹嘘自己如何如何富有。

（4）那个老板经常对手下的员工大肆咆哮，员工们都很气愤。

十、光明乳业的王佳芬在国家经贸委市场司召集的乳业巨头会上宣称

"宣称"，公开声明，公开宣布，近义词是"声称"。两词都是动词，都有公开表示的意思，区别在于：

1. "宣称"侧重在宣布传播出去；"声称"侧重在说出来。

2. "宣称"的对象内容比较广泛，可以是与自己有关或无关的事；"声称"的内容多与自己有关。

3. "宣称"使用的范围可大可小，在比较正式的群众场合，并且对重大问题表态时，多用"宣称"；"声称"多用于较小的范围，在私下场合表明态度时，一般用"声称"。

例如：

（1）在员工大会上，老板宣称要使公司在两年内坐上家电行业的头把交椅。

（2）这家企业的负责人在记者会上宣称，他们的产品不存在任何质量问题。

（3）政府宣称要想办法控制物价，稳定百姓的生活。

（4）他声称自己是打乒乓球的高手。

（5）小王声称这次比赛他肯定能赢。

（6）他声称是我的朋友，可我却从来没见过他。

十一、"无抗奶"概念的推广很快引发行业震荡

"震荡"，震动、动荡，它的近义词是"震动"、"震撼"。这三个词都是动词，区别在于：

1. "震荡"侧重在持续地来回动荡;"震动"侧重在脱离静止状态;"震撼"侧重在剧烈地大幅度震动。"震撼"的语意比"震荡"、"震动"重。

2. "震动"、"震撼"还可以表示思想上、心理上的不平静;"震荡"不能。

3. "震荡"只用于具体事物,适用范围较小;"震动"、"震撼"既可用于具体事物,也可用于人,适用范围较大。

例如:

(1)机器的轰鸣声震荡着山谷。

(2)中国申奥成功的消息传来,人们的欢呼声震荡着整个广场。

(3)一个装满水的盆在受到震荡后洒出的水比只装了一半水的盆多。

(4)英雄的事迹深深地震动着每个人的心灵。

(5)远处传来隆隆的炮声,窗户玻璃也微微震动起来。

(6)听到那个消息,他心里震动了一下。

(7)隆隆的炮声震撼着大地。

(8)本年度商界最具震撼性的消息是那家跨国公司总经理的辞职。

(9)"9·11"事件不仅震撼了美国,也震撼了全世界。

十二、一旦"无抗奶"概念在市场普及并被消费者认可

"一旦",副词,是不确定的时间词,表示有那么一天,有朝一日。用于书面,多修饰动词、动词短语。

1. 用于已发生的事,意思是"忽然有一天"。常用于某种跟过去不同的情况忽然出现,意思相当于"一下子"或"忽然"、"突然"。

例如:

(1)在这里学习了好几年,一旦离开了,还真有点舍不得。

(2)他过惯了贫穷的日子,一旦有了巨额的财富,却不知道该怎么办了。

2. 用于未发生的事,意思是"要是有一天","如果有一天"。用在条件分句里,表示有了某种条件,就会产生并出现某种相应的结果。后面常常和"就"、

"便"等词语配合使用。

例如：

（3）我一旦买到票，马上就会通知你。

（4）一旦资金到位，我们就会开始这个项目。

"一旦"还可以作名词，意思是"一天之内"，表示时间很短，常在句子中作宾语。

例如：

（5）他的书稿不幸丢失，十年心血毁于一旦。

（6）这次大洪水使农民一年的辛苦毁于一旦。

练 习

一、根据课文选择正确答案。

1. 大部分果汁品牌的人群定位（目标群体）是：_____。

　　A. 老人　　　　　　　　　　B. 6~14岁的儿童

　　C. 女性　　　　　　　　　　D. 孩子的父母

2. "酷儿"在众多的果汁饮料中胜出，是因为：_____

　　A. 角色营销策略。

　　B. 在产品中添加了维生素C和钙。

　　C. 细分的目标群体是6~14岁的儿童。

　　D. "酷儿"是儿童最喜欢的卡通人物。

3. 2002年农夫山泉阳光工程资助的对象是：_____。

　　A. 2008年奥运会　　　　　　B. 社会弱势群体

　　C. 中国的贫困地区　　　　　D. 贫困地区的中小学生

4. 2002年，太极集团第一个保健食品"睡宝"的营销策略是：_____

　　A. 避免与脑白金的正面交锋。

　　B. 发挥在女性市场上积累的经验。

　　C. 先在女性人群中取得部分市场，再扩大到老年人及所有需要人群。

　　D. 在人群定位上以礼品市场和老年人群作为切入点。

5. 光明乳业与其他乳品公司竞争的杀手锏是：_____

　　A. 请奥运会冠军、阳光男孩田亮做形象代言人。

　　B. 提出"无抗奶"概念，宣称自己的产品都是"无抗奶"。

　　C. 在产品包装盒上印出"无抗奶"字样。

　　D. 在上海、浙江、天津、山东等地大肆扩张。

二、熟读并理解下列词语。

营销策略	角色营销	口碑营销	价格策略	终端活动
目标群体	人群定位	广告投放	市场定位	形象代言人
消费行为	销售渠道	品牌推广	礼品市场	潜在用户
果汁饮料	包装水行业	睡眠类产品	乳业	公益事业

三、给下列句子中画线的部分选择合适的义项。

包装

A. 用专用的纸张、薄膜包裹商品或把商品装进容器如盒子、瓶子等

B. 装商品用的纸、盒子、瓶子等，商品包装的形式

C. 指人的衣服、服饰等

（　　）1. 这种商品的<u>包装</u>既美观又大方。

（　　）2. 我们经销的商品，有专人<u>包装</u>。

(　　) 3. 由于运输不慎，产品包装破损严重。

(　　) 4. 现在的影星太讲究包装了。

(　　) 5. 把商品包装好不只是一种技术，也是一种艺术。

(　　) 6. 在现代社会里，人的包装很重要。

收敛

A. 笑容、光线等减弱或消失

B. 约束或控制放纵的言行

(　　) 1. 经过教育，他欺负小同学的行为收敛了几天。

(　　) 2. 老师突然收敛了笑容，严肃地批评了我。

(　　) 3. 夕阳已经收敛了余晖。

(　　) 4. 他吸烟的恶习最近已收敛多了。

门户

A. 门

B. 比喻险要的地方，出入必经的要地

C. 派别

(　　) 1. 上海是中国东部最大的门户。

(　　) 2. 那位学者的门户之见太深了。

(　　) 3. 那栋别墅一直门户紧闭，没人知道里边住的是什么人。

(　　) 4. 廊坊的地理位置很重要，是进出首都北京的门户。

(　　) 5. 父母嘱咐孩子，他们不在家时要小心门户。

(　　) 6. 如果打破门户之见，中国的绘画艺术就会发展得更好。

角色

A. 戏剧或电影、电视中，演员扮演的剧中人物

B. 生活中某种类型的人物

(　　) 1. 面对事业和家庭的压力，现代女性应找准位置，扮演好自己的角色。

（　　）2. 在剧中她扮演了一个不抢眼的<u>角色</u>。

（　　）3. 在处理这件事的过程中，他扮演了一个不光彩的<u>角色</u>。

（　　）4. 她对导演分配给她的<u>角色</u>很不满意。

四、选词填空。

家喻户晓　　锦上添花　　雪中送炭　　默默无闻　　定心丸

一举成名　　遥相呼应　　先入为主　　行之有效　　杀手锏

1. 使那个小说家_____的是他的处女作《野菊花》。

2. 他经常_____地为大家做好事。

3. 这次宣传工作要深入开展，务必做到_____。

4. 国内恐怖分子与国外恐怖分子_____，又发动了一次恐怖袭击。

5. 最近出台的优惠政策给汽车制造商们吃了_____。

6. 帮助贫困地区的儿童是_____的善事。

7. 降价是某些公司打败竞争对手的_____。

8. 获得数学竞赛第一名，又接到了研究生录取通知书，真是_____，喜上加喜。

9. 专家给那位胖姑娘提供了三种_____的减肥方法。

10. 对于离婚，她一直有一个_____的想法，认为那样会给孩子带来不好的影响。

五、辨析下列近义词并选择填空。

震荡—震动—震撼　　赞助—资助　　策划—策动

声称—宣称　　操作—运作　　推进—推动

1. 我军主力正向敌人阵地_____。

2. 要_____全社会搞好植树造林运动。

3. 这部影片怎么个拍法，你来_____一下。

4. 本片由可口可乐公司_____拍摄。

5. 政府呼吁更多的人来_____农村失学儿童重返校园。

6. 那个军人阴谋_____政变。

7. 他_____自己是医学权威。

8. 为了便于_____，他对机器进行了改进。

9. 暴雨来了，隆隆的雷声_____着草原。

10. 那两个开战的国家都向国际社会_____自己是正义的。

11. 火车_____了一下，开走了。

12. 要保证政府机关正常有效地_____。

13. 他的这番话强烈地_____着孩子们的心灵。

六、用指定词语完成句子。

1. 这种做法_____。（无疑）

2. 据说有的人_____。（如同）

3. 经理决定，_____。（作为）

4. _____，今天是个特殊的日子。（对……而言）

5. _____，后果不堪设想。（一旦）

6. _____，所以大家都不喜欢他。（大肆）

七、模仿下列句子，用括号里的词语造句。

1. 2002年的果汁饮料大战中，表现最抢眼的品牌非可口可乐公司的"酷儿"莫属。（非……莫属）

2. 这一策划不同于大部分果汁品牌针对女性市场的人群定位，也为"酷儿"角色的引入创造了条件。（不同于）

3. 可口可乐公司通过理性诉求强调功能利益点：果汁里添加了维生素C及钙，这无疑给注重孩子健康的父母吃了定心丸。（吃了定心丸）

4. 这是农夫山泉继2001年"一分钱支持申奥"以来的又一个"一分钱"活动。（继……以来）

5. 在睡眠类产品市场上，脑白金已经先入为主，通过礼品市场和老年人群坐上了头把交椅。（坐上了头把交椅）

6. 北京三元、内蒙古伊利等乳业巨头纷纷效仿，也打出"无抗"牌。（打……牌）

7. 就连武汉的友芝友和南京的卫岗也参与进来，想从"无抗"牌中分到一杯羹。（分一杯羹）

8. 作为乳业巨头，光明打破常规公开提出"无抗"概念，使之成为竞争的杀手锏。（成为……杀手锏）

八、按照适当顺序排列下面句子。

1. A. 换句话说，空调设备使室内的负氧离子浓度下降
   B. 其中缺少一种自然空气中充足而人体不可缺少的负氧离子
   C. 因为空调设备提供的再循环空气虽然干净，但并不新鲜
   D. 为什么空调会影响健康呢

2. A. 金龙鱼在营养均衡上做文章
   B. 借助自己强大的品牌影响力和大手笔的市场推广
   C. 引导消费者向着更高消费层次迈进
   D. 时下的食品消费越来越注重健康

3. A. 因为品牌不仅是产品的商标标志
   B. 为了使企业保持长久的生命力

C. 必须注重品牌形象的积累

D. 而且是产品的信誉标志和对消费者的一种承诺

---

4. A. 消费者不会轻易去冒险

   B. 消费者更愿意选择的是名牌产品

   C. 对于完全陌生的产品

   D. 对于名牌和非名牌产品

---

5. A. 因为品牌体现了商品社会中人的一切追求、一切理想和一切个性

   B. 而不是品牌评估机构

   C. 那么这奥秘就是人的奥秘

   D. 如果说品牌有什么奥秘的话

   E. 所以品牌的最终裁判员是消费者

---

6. A. 可以说，谁树立了品牌

   B. 产品可以很快被竞争对手仿效、超越

   C. 所以真正持久的竞争优势往往来自强势品牌

   D. 谁就掌握了未来市场竞争的主动权

   E. 而品牌却难以逾越

九、请写篇小文章，介绍一个你所知道的中国公司的成功的营销案例，要求写 250 ~ 300 字左右。

参考词语：非……莫属   打……牌   一旦   如同   无疑   杀手锏

定心丸   分一杯羹

Lesson 13

三家著名企业——海尔集团、华为公司、正泰集团的成功告诉我们，中国企业要想有大发展，就必须进行跨国经营，进军海外市场。有关专家指出，对大部分中国企业来说，扩大销售网络，争抢进入国际市场的渠道，是进行海外扩张的首要选择。在这篇课文中，作者分析了企业进行跨国经营的三种方式和它们各自的优点，同时建议企业在迈出国门的同时一定要注意对自身的准确定位。

第十三课
中国企业的跨国经营

课文

在全球化**蓬勃**发展的今天，企业无论大小，都向着全球化的经营模式发展或受到全球化进程的影响，经济全球化有利于促进资本、技术、知识等生产要素在全球范围内的优化**配置**。中国共产党的十六大明确提出了"引进来"和"走出去"并举的战略**部署**，为中国的对外开放明确了目标，中国企业只要敢于"走出去"，就会有大发展。

走出去：天高任鸟飞

海尔：国际化的排头兵

2011年，海尔集团的全球营业额达到1509亿元，在17个国家拥有8万多名员工，用户**遍布**世界160多个国家和地区，远远超过了国内其他家电生产厂商，成为中国企业国际化的排头兵。

海尔集团的国际化进程可以形象地概括为：走出去、**站住脚**、争第一。海尔集团走出**国门**时，他们的6款冰箱**率先**达到了欧洲A+**能耗**标准，成为德意志、荷兰、比利时、卢森堡四国政府奖励购买的冰箱，销售额三年内增长了15倍。2010年7月，美国消费者最为认可的第三方**测评**杂志《消费者报道》(*Consumer Report*)对海尔的空调产品给出了"极优"的评价。目前，海尔集团在美国已获得了"最佳供货商"、"**免检**供货商资格"等荣誉。正是凭借极高的质量和良好的信誉，海尔产品成功进入了竞争激烈的欧洲和美国市场，为自身的国际化之路打下了坚实的基础。

国际化的第二步就是要在当地站住脚。通过研发、制造、销售"**三位一体**"的**本土**化，海尔集团在美国、欧洲等地站稳了脚跟，那里的消费者已经把海尔**视为**了本土品牌。以美国为例，海尔在洛杉矶建立了设计中心，在南卡罗来纳州建立了生产工厂，在纽约建立了营销公司，形成了"三位一体"的、美国本土化的海尔品牌。据美国电器协会统计，海尔冰箱在美国当地的市场份额已接近整个市场的10%，远高于美国本土的一些企业。

海尔国际化之路的第三步是在海外争第一。为了争第一，海尔提出了以国际化的管理、国际化的服务和国际化的品牌为内容的"三个国际化"策略。海尔的国际化取得了**丰硕**的成果，2011年12月15日，欧睿国际（Euromontor，世界著名消费市场研究机构）公布了2011年全球家电市场最新调查数据，海尔集团在大型家电市场的品牌占有率为7.8%，第三次**蝉联**全球第一。

正泰：走对了"三步棋"

低压电器生产商正泰集团为了完成从国内市场向国际市场的转变，特别制定了"三步棋"：一是参加会展；二是设立海外分公司，开设对外**窗口**；三是**寻求**海外**代理商**，让海外代理商来**打天下**。

如今正泰已经是一家拥有8大专业公司、50多家**持股**企业、800多家专业协作厂，名列中国**民营**企业500强前十名的大型电器集团。集团在国外设有40多家销售机构，产品畅销世界90多个国家和地区。在全球低压电器领域，正泰**位居**西门子、ABB、施耐德和通用电气之后，成为全球五大低压电器巨头之一。

华为：用知识赢得尊重

2003年，在法国举行的最高级别的3GSM世界大会上，来自中国深圳的华为技术有限公司出尽了风头：WCDMA（宽带码分多址）是当今最先进的**移动通信**技术，而他们展示的WCDMA商用解决方案确立了自己在这个领域的领先地位，华为公司在世界移动通信**重镇**——欧洲"用知识赢得了尊重"。

华为在国际化进程中最大的特点是以技术为导向的发展战略。华为一贯认为：对于高科技产品，只有知识才能赢得尊重。知识的具体体现就是研发能力和技术上的自主创新。在华为公司，44%的员工是研发人员。公司在德国、瑞典、英国、法国、意大利、俄罗斯、印度等地设立了23个**研究所**，每年对研发的投入超过销售额的10%。据国家知识产权局统计，截至2011年，华为公司**累计**申请中国

专利 36344 件，获得专利**授权** 23522 件，申请国际专利和国外专利 21628 件，被国内媒体称为"企业发明冠军"。2011 年，华为公司营业收入 2039 亿元人民币，成为继联想集团之后，成功闯入世界 500 强的第二家中国民营科技企业。目前，华为的产品已经应用于 140 多个国家，服务于全球 1/3 的人口，其中，移动宽带产品市场份额更是位列全球第一。

专家：四座桥梁通海外

中国社会科学院世界经济与政治所的鲁桐先生认为，对大部分中国企业来说，扩大销售网络，争抢进入国际市场的渠道，仍然是海外扩张的**首要**目标。一般来讲，企业进行跨国经营可采取以下三种方式：

第一种方式是在国外生产，用中国品牌。这种海外扩张模式具有挑战性，它要求企业有足够的资金和经营管理能力，有熟悉当地市场情况的专业人才，海尔集团开拓美国市场用的就是这种方式。

第二种方式是在中国生产，用中国品牌，即主要以贸易的方式进行跨国经营。这种投资方式的难度在于如何拓展海外销售渠道。通过使用**间接**贸易渠道，企业可以在不增加**固定资产**投资的前提下进入**异地**市场，费用低、风险小。但间接贸易一般不允许企业有自己的进入目标市场的战略，这种方式把企业与目标市场**隔离**。因此，积极渗入目标市场的企业应该寻找直接贸易渠道。

第三种方式是在中国生产，用国外品牌，即通常说的"贴牌生产"（OEM）。这种方式有两大好处，一是可以弥补产品知名度低的不足，迅速占有市场份额；二是使企业在尽可能短的时间内缩短与国际企业之间的差距。贴牌生产是企业产品从国内走向国际的重要桥梁，因为在从事贴牌生产的过程中，企业逐渐学习和掌握了国际竞争规则，在国外厂商中建立了信誉，也打开了产品外销的渠道。

近年来，随着利用贴牌生产方式成功进入海外市场的中国企业的增加，有些企业已经不满足于给外国公司打工，而是开始探索海外发展的新途径，通过海外收购，拓展国际市场的发展空间，有人把这种方式称为"**反向** OEM"。2004 年联想集团收购了美国IBM公司的PC业务，2010年吉利汽车公司收购了美国福特汽车公司下属沃尔沃（VOLVO）轿车公司的全部股权，都使自身的国际营销渠道得到了很大的优化和拓展，是中国企业"反向OEM"的成功案例。

中国企业国际化的进程毕竟刚刚开始，对企业来说，在进行跨国经营之前一定要对自身和海外投资目标有一个准确的定位，准确评估自身的优势和投资国的地区优势，这不仅是企业实现投资目标的关键，而且对企业跨国经营的**成败**也具有决定性的意义。

鼓励企业"走出去"，已经成为我国经济对外开放的一项基本国策。然而，在跨国经营过程中，还存在着一些令人忧虑的问题，如国有资产的流失，海外经营与资产**损益**缺乏严格的考核与监督等。专家建议，应尽快完善有关海外投资的法律、法规，使企业的跨国经营更加规范。

生　词

蓬勃	péng bó	形容词	繁荣；旺盛
			近义词：兴旺，兴盛
			反义词：萧条，衰败
配置	pèi zhì	动词	配备布置
部署	bù shǔ	动词	有计划地安排或布置（多用于大的方面）
天高任鸟飞	tiān gāo rèn niǎo fēi		一般与"海阔凭鱼跃"连用，说成"海阔凭鱼跃，天高任鸟飞"，意思是：海洋宽阔无边，鱼可以随意游动；天空无限广阔，鸟可以自由飞翔。比喻没有任何限制，可以充分施展自己的本领，发挥自己的才能

排头兵	pái tóu bīng	名词	比喻带头的人
遍布	biàn bù	动词	分布到各个地方，到处分布着
站住脚	zhàn zhù jiǎo		在某个地方比较安稳地待下去
国门	guó mén	名词	国家的大门，指边境
率先	shuài xiān	副词	带头，最先
能耗	néng hào	名词	能源的消耗（多指资源方面）
测评	cè píng	动词	检测并评定
免检	miǎn jiǎn	动词	免除检查或检验
三位一体	sān wèi yī tǐ		比喻三个人、三件事或三方面连成一个整体
本土	běn tǔ	名词	乡土，原来的生长地
视为	shì wéi	动词	看作；认为是
丰硕	fēng shuò	形容词	（果实、成果等）又多又大
蝉联	chán lián	动词	连续（多指连续担任某职务或连续获得某种称号）
低压电器	dī yā diàn qì	名词	low-voltage apparatus
窗口	chuāng kǒu	名词	比喻与外界交往多并借以相互了解的地方
寻求	xún qiú	动词	寻找追求
代理商	dài lǐ shāng	名词	agent;trade agency
打天下	dǎ tiān xià		比喻创立事业
持股	chí gǔ	动词	持有股票或股份
民营	mín yíng	形容词	集体或个人出资经营的（非公有制的）

位居	wèi jū	动词	位次居于（序列中的某处）
移动通信	yí dòng tōng xìn	名词	利用无线电波传递信息，用户可以携带移动通信设备（如手机）在移动通信网络所覆盖的范围内随时联络的通信方式，也指这种通信服务
重镇	zhòng zhèn	名词	占重要地位的地方
研究所	yán jiū suǒ	名词	research institute
累计	lěi jì	动词	加起来计算；总计
专利	zhuān lì	名词	patent
授权	shòu quán	动词	把权力委托给他人或机构代为执行
桥梁	qiáo liáng	名词	比喻能起沟通作用的人或事物
首要	shǒu yào	形容词	摆在第一位的；最重要的
间接	jiàn jiē	形容词	通过中间环节发生关系的 反义词：直接
固定资产	gù dìng zī chǎn		fixed asset 反义词：流动资产
异地	yì dì	名词	本地以外的地方；外地；外乡 近义词：外地
隔离	gé lí	动词	使断绝往来或接触
反向	fǎn xiàng	动词	向着相反的方向；逆向
成败	chéng bài	名词	成功或失败
损益	sǔn yì	动词	赔和赚；盈亏

注 释

一、中国共产党的十六大明确提出了"引进来"和"走出去"并举的**战略**部署 / 海尔提出了以国际化的管理、国际化的服务和国际化的品牌为内容的"三个国际化"**策略**

战略,名词,指导战争全局的计划和策略,泛指重大的、带有全局性的谋略。它的近义词是"策略",也是名词,指为达到某一目的而采取的行动步骤或计划。两词都可指行动的方针或准则。区别在于:

1. "战略"侧重在指导全面,具有决定性意义,可以组成"战略措施"、"战略意义"、"战略方向"、"战略重点"等词语;"策略"侧重在适应形势需要,具有灵活性。

2. "战略"不能作形容词,"策略"可以。

例如:

(1) 中国正在实施西部大开发战略。

(2) 外国企业要想打入中国市场,首先要有战略眼光。

(3) 北京市制定了创造就业岗位和扩大就业的战略目标。

(4) 中国零售业目前的竞争策略是发挥品牌效应。

(5) 企业要根据客户的个性化要求调整具体的营销策略。

(6) 这样做会引起对方的怀疑,很不策略。

二、**远远**超过了国内其他家电生产厂商 / **远**高于美国本土的一些企业

"远远",副词,表示程度相差很大,后面可以加否定形式和肯定形式。

例如:

(1) 这个城市现有的住房远远(远)不能满足市场的需求。

（2）作为一名专业运动员，我感觉自己的训练时间远远不够。

（3）电脑毕竟是人发明的，在很多方面远远（远）不及人脑。

（4）无论是相貌还是才能，这个女孩都远远地超过了她的同伴们。

（5）近几年，中国经济以年平均7.5%的速度增长，远远高于世界经济1.9%的增长速度。

（6）他一生中失败的次数远远（远）多于成功的次数。

"远"，也是副词，也表示程度相差很大，后面同样可以加否定形式和肯定形式。某些情况下两词可以换用，不同的是"远远"后面可以加"的"，"远"后面不能。

例如：

（7）国内的一些广告公司，无论是经营规模、经济效益，还是专业水平，都远（远远）不及国际上的一些大公司。

（8）虽然他当了局长，可他的才能远不如你。

（9）据说那次地震的死亡人数远不止1万。

（10）我们不得不承认，那家公司的实力远胜于我们。

（11）我认为，电视里的广告远比某些电视剧好看。

（12）那两个国家有着广泛的共同利益，他们的共同点远（远远）大于分歧。

三、正是**凭借**极高的质量和良好的信誉

"凭借"，介词，依靠，依据，由它构成的介宾短语可以放在主语的后边，也可以放在主语的前边。"凭借"出现在句子中时，后面常加"着"。

例如：

（1）她凭借运气考上了大学。

（2）我们凭借着向导留下的路标确定前进的方向。

（3）凭借着坚强的信心，她终于战胜了困难。

（4）海尔集团凭借着良好的售后服务赢得了大量客户。

四、海尔集团在美国、欧洲等地**站稳了脚跟**

"站稳了脚跟"是一个惯用语，又叫"站稳脚跟"，原意是在一个地方站稳，常用来比喻占有一席之地或打牢基础，常见搭配主要有"初步站稳了脚跟"、"很快站稳了脚跟"、"迅速站稳了脚跟"、"逐渐站稳了脚跟"、"完全站稳了脚跟"、"真正站稳了脚跟"等。

例如：

（1）海尔集团在国内市场站稳了脚跟后，又开始开拓国外市场。

（2）经过努力，那家小公司在激烈的竞争中初步站稳了脚跟。

（3）经过多年的发展，联想集团在中国的IT行业完全站稳了脚跟。

（4）经验告诉我们，技术落后的企业难以在市场上站稳脚跟。

五、来自中国深圳的华为技术有限公司**出尽了风头**

"出风头"是一个惯用语，又作"出锋头"，指在公共场合、很多人面前出头露面，表现自己。

例如：

（1）那个女孩特别喜欢出风头。

（2）这次他真是出够了风头。

（3）在晚会上出足了风头的王小姐心情特别好。

（4）来会场转了一圈，出完风头，他就走了。

（5）千万记住，这种风头以后可出不得。

（6）瞧，她又出上风头了！

（7）她到底出的是什么风头！

（8）这次学术会议与他的专业没有关系，他来出什么风头？！

（9）这次电影节上最出风头的演员是谁？

（10）在伦敦奥运会篮球赛场上，那位NBA球星大出风头。

六、而他们**展示**的 WCDMA 商用解决方案确立了自己在这个领域的领先地位

"展示",清楚地陈列出来让人看到;明显地表现出来让人知道。近义词是"展现"。"展现"指清楚地显现出来。两个词都是动词,区别主要有:

1. "展示"侧重指有意识地摆出来给人看或揭示出来让人了解;"展现"侧重在事物自身呈现出某种情景或状态。

2. "展示"除用于"才干"、"品格"、"内心世界"等抽象事物外,也常用于具体事物,适用范围较大;"展现"常用于景象、形势、风貌等抽象事物,较少用于具体事物,适用范围较小。

3. "展示"可构成"展示会"等新词,"展现"没有构词能力。

例如:

(1)昨天的时装发布会向观众展示了今年夏季的流行服装。

(2)小说展示了主人公丰富的内心世界。

(3)厂家向客户展示了最新型的汽车。

(4)在沙漠上走了几天后,一片绿洲展现在我们眼前。

(5)在施工现场,展现在大家眼前的是一派繁忙景象。

(6)走进大门,一个美丽的庭院展现在游客的眼前。

七、**对于**高科技产品,只有知识才能赢得尊重

"对于"和"关于"是外国学生经常弄混的两个词,它们都跟涉及的事物有关系,都可以组成介词结构在句子中作定语或状语。

例如:

(1)关于(对于)这个问题,我们要讨论一下。

(2)关于(对于)儿童入学问题,我们正想办法解决。

(3)对于(关于)这学期的安排,大家有什么意见?

但是,"关于"和"对于"也有一些区别,具体区别如下:

1."对于"主要指出对象以及对待事物的主观态度;"关于"主要指出事物的范围、内容和跟事物有关系的人或事。

例如:

(1)对于这个问题,我们十分感兴趣。

(2)对于你的热情帮助,我表示衷心感谢。

(3)你对于这个问题有什么意见就说出来吧。

(4)关于金融风险问题,国务院准备召开一次会议。

(5)报纸上关于股份制的文章很多。

(6)关于牛郎星和织女星,民间有个美丽的传说。

2."对于"可以放在主语前,也可以放在主语后;"关于"只能放在主语前。

例如:

(7)对于中国书法,我很感兴趣。(正确)

(8)我对于中国书法很感兴趣。(正确)

(9)关于中国书法,我知道得很少。(正确)

(10)我关于中国书法知道得很少。(错误)

3."关于"有提示作用,常单独用在书名、文章、报告的标题中,"对于"没有这种用法,如果要用,必须把"对于"构成的介宾结构作为定语。

例如:

(11)报告的题目是《关于入世后的中国旅游业》。

(12)国务院最近颁布了《关于促进房地产市场持续健康发展的通知》。

4."关于"可以放在"是……的"结构中作谓语。

例如:

(13)她作的报告是关于环保的。

(14)会议的内容是关于房地产的。

八、这种投资方式的难度在于如何**拓展**海外销售渠道

"拓展",开拓扩展,近义词是"拓宽",指扩大、加宽。两词都是动词,用"拓宽"的地方,常常可换成"拓展"。

例如:

(1)工人们正在拓宽(拓展)马路。

(2)与老师的谈话使他一下子拓宽(拓展)了思路。

但是反过来,用"拓展"的地方常常难以换成"拓宽"。

例如:

(3)这种做法会增大发达国家向海外拓展的难度。(正确)

(4)这种做法会增大发达国家向海外拓宽的难度。(错误)

(5)最近,有关部门制订了大学生素质拓展计划。(正确)

(6)最近,有关部门制订了大学生素质拓宽计划。(错误)

另外,可以说"拓得宽"、"拓不宽",不能说"拓得展"、"拓不展"。

九、通过使用**间接贸易**渠道／积极渗入目标市场的企业应该寻找**直接贸易**渠道

间接贸易:指进出口交易不在生产国和消费国之间直接进行,而是通过第三国来进行。间接贸易之所以能发生,主要是由于政治、经济等方面的原因,生产国和消费国之间不能进行直接贸易造成的。

直接贸易:指国际贸易中,进出口商品的买卖未通过第三国,而是在生产国与消费国之间直接进行的贸易。如果不是特殊原因,如两国处于敌对状态、生产国对消费国实行封锁禁运等,非经过第三国不可,一般都采取直接贸易的方式。

十、即**通常**说的"贴牌生产"

"通常",指一般情况下、平时(general)。近义词是"经常",指时常、常常(often)。两词都是副词,区别在于:

1."通常"的频率（出现的次数）比"经常"要高。

2."经常"前面可加"不"表示否定，可以说"不经常"，表示疑问时可用"经常不经常"，但不能说"不通常"、"通常不通常"，只能说"通常不"。

例如：

（1）中国的大学通常是上午八点上课。

（2）我们通常不喝酒。

（3）通常情况下，他都是六点钟起床。

（4）最近她经常失眠。

（5）我们不经常喝酒。

（6）听说迈克经常去舞厅跳舞，你们经常不经常去？

十一、中国企业国际化的进程**毕竟**刚刚开始

"毕竟"，副词，有两个义项，一是表示追根究底所得的结论，即使出现了新情况，原来的状况也不容否认；二是表示某种情况和现象最后还是发生了（句尾总有表示新情况出现的语气助词"了"）。它和"究竟"经常容易弄混。两词都是副词，都有加强语气的作用。区别在于：

1."毕竟"只能用于陈述句（肯定句和否定句）；"究竟"既可用于陈述句，也可用于疑问句。

2."毕竟"强调某种事情（现象）最终还是发生了，表示最后、终于；"究竟"没有这种用法。"究竟"可以表示进一步追问，"毕竟"不能。

3."究竟"还有名词用法，表示起因以至最后结果，"毕竟"没有这种用法。

例如：

（1）无论他多么对不起我，他毕竟是我父亲呀。

（2）他毕竟已经向你认错了，就原谅他吧。

（3）孩子毕竟是孩子，哭了一会儿又去玩了。

（4）那个孩子究竟怎么了？为什么一直在哭？

（5）这件事谁对谁错，我们一定要问个究竟。

（6）火星上究竟有没有生命？

十二、海外经营与资产损益缺乏严格的考核与**监督**等

"监督"的近义词是"监视"，它们都是动词，都有为了控制对方而察看的意思，区别在于：

1."监督"侧重在为了把事情办好而公开地察看并督促；"监视"侧重在为了发现对自己不利的情况而暗中严密注视、观察。

2."监督"多用于上级对下级、长辈对晚辈，还可用于工程质量、计划、物价等；"监视"多用于对自己不利或可疑的人或事，也可用于某个特定的空间、处所等。

例如：

（1）卫生部表示，要进一步加强对食品卫生的监督和管理。

（2）欢迎大家监督我们的工作并提出宝贵意见。

（3）消费者应该更多地参与物价的监督。

（4）警察怀疑那个小伙子是小偷，远远地跟着，监视他的行动。

（5）他们在对面的楼上监视着那个房间的动静。

（6）她的男朋友不相信她，暗地里监视她跟异性的交往。

练 习

一、根据课文判断正误。

（　　）1. 海尔集团的国际化进程可以形象地概括为：走出去、站住脚、争第一。

（　　）2. 正泰集团通过参加会展、设立海外分公司和寻求海外代理商完成了从国内市场到国际市场的转变。

(　　）3. 华为集团特别重视研发，公司员工中研发人员占了将近一半。

(　　）4. 华为集团被国内媒体称为"企业发明冠军"，是因为发明了当今最先进的 WCDMA 商用解决方案。

(　　）5. 在企业进行跨国经营的三种方式中，第一种方式被使用得最多。

(　　）6. 按照课文的观点，以贸易方式进行跨国经营是企业较理想的海外市场进入方式。

(　　）7. 在以贸易方式进行跨国经营时，直接贸易渠道比间接贸易渠道更有优势。

(　　）8. 联想集团和吉利汽车公司都是中国企业"反向 OEM"的成功案例。

(　　）9. 课文作者认为，中国企业进行跨国经营时，关键是要熟悉国际化的市场规则。

(　　）10. "反向 OEM"实际上等于给别人打工，成为海外品牌的加工厂。

二、熟读并理解下列词语。

用于	敢于	忙于	苦于	乐于	便于
民用	军用	商用	公用	家用	医用
大型	小型	微型	新型	中型	重型
首届	首位	首要	首席	首富	首选
难度	高度	深度	宽度	长度	厚度

三、给下列句子中画线的词语选择合适的义项。

老牌

A. 名词，指创制时间早，声誉好，可信任的商标品牌

B. 名词，时间久的、资格老的

（　　）1. 他是个老牌资本家。

（　　）2. "红旗"轿车是数得着的老牌汽车。

（　　）3. 爷爷买手表只认老牌。

（　　）4. 西班牙队是世界公认的老牌足球强队。

航空

A. 动词，飞机在空中飞行

B. 名词，跟飞行有关的

（　　）1. 张先生在一个航空公司工作。

（　　）2. 妻子从国外给我寄来了一封航空信。

（　　）3. 他特别热爱航空事业。

（　　）4. 海上停着一艘航空母舰。

开设

A. 动词，开办设立（店铺、作坊、工厂等）

B. 动词，设置（课程等）

（　　）1. 王教授今年打算给二年级开设法律课。

（　　）2. 北京新开设了一家外资银行。

（　　）3. 不是什么人都可以开设专业课的。

（　　）4. 在现在的中国，个人也可以开设工厂了。

运转

A. 动词，（星球等）沿着一定的轨道运行

B. 动词，（机器等）有规则地转动

C. 动词，（组织、机构等）行使权力

（　　）1. 地球绕着太阳运转。

（　　）2. 这家公司不久前宣告成立，开始运转。

(　　)3. 这台旧机器已经不能正常运转了。

(　　)4. 战争状态下，政府部门能正常运转吗？

四、辨析近义词并选择填空。

展示—展现　　拓展—拓宽　　监督—监视

毕竟—究竟　　通常—经常　　战略—策略

1. 走进大门，_____在眼前的是一个美丽的庭院。

2. 厂家向客户_____了最新型的汽车。

3. 公司正准备把市场向欧洲_____。

4. 经历了千辛万苦，我们_____闯了过来。

5. 为了保持身材，那个女孩_____去游泳。

6. 那条公路又_____了七米。

7. 这个问题一定要查个_____，查个水落石出。

8. 电脑方面的书籍，_____比较容易买到。

9. 这个艺术团向观众_____了中国多个民族的歌舞艺术。

10. 谁也不知道今天他_____能不能来。

11. 在_____情况下，完成一幅画要花半个月时间。

12. 我们应该不断_____就业空间，使更多的下岗失业人员走上工作岗位。

13. 他们时刻_____敌人的行动。

14. 我们要严格_____工程质量。

15. 那个公司制订了最符合自己利益的计划，很有_____眼光。

16. 总经理说话、办事很讲究_____。

五、用"对于"和"关于"填空。

1. 我最近看了一些_____国际问题的资料。

2. 他提的问题是_____股份制改革的。

3. _____上海,我有很深的感情。

4. _____这个问题,我们一定要采取积极的态度。

5. _____这个问题,我直接跟经理联系。

6. 图书馆里没有_____海南发展历史的图片。

7. _____他的错误,我们不能原谅。

8. 我很喜欢读《_____深圳的改革开放》这本书。

9. 我_____公司的决定没有意见。

10. 世界各民族都有_____月亮的传说。

六、用指定语完成句子。

1. 大家都觉得_____。(出风头)

2. _____,她终于获得了成功。(凭借)

3. 你现在还年轻,_____。(天高任鸟飞)

4. 据专家说,_____。(至少)

5. 大家一致认为,_____。(一贯)

6. 他的理想是_____。(从事)

7. _____,这是一个不错的选择。(对……来说)

8. 话虽这么说,_____。(毕竟)

七、按照适当顺序排列下面的句子。

1. A. 这是我国经济发展的客观要求
   B. 就要利用外资
   C. 要加快发展
   D. 也是世界上许多国家的成功经验

2. A. 入世后，东南沿海地区因为具有比较完备的基础设施和先行改革开放的体制优势
   B. 尤其集中于珠江三角洲及闽南地区和长江三角洲地区
   C. 仍将受到外商的青睐
   D. 目前外商在我国的直接投资主要分布在东南沿海地区

3. A. 中国将进一步放宽外商投资政策
   B. 入世后将陆续开放一些投资领域
   C. 据商务部权威人士透露
   D. 而市场准入程度的提高
   E. 也使外国投资者获得更多的投资机会

4. A. 中国不能回避跨国并购对中国吸引外资和经济调整带来的影响
   B. 从而对我国引资政策做出相应的调整
   C. 因此，我们应当深入探讨跨国并购及其对我国利用外资的重大影响
   D. 中国入世，意味着中国将加快融入世界经济的速度

5. A. 即通过海外收购
   B. 开始探索海外发展的新途径

C. 拓展国际生存发展空间

D. 有些中国企业近年来已经不满足于"给别人打工"

___

6. A. 是我国经济生活中一个引人注目的现象

   B. 外商投资企业的增多

   C. 具有十分重要的意义

   D. 全面、正确地认识这一现象

   E. 对于继续扩大改革开放

___

八、根据以下提示写一篇小文章（250 ~ 300 字）。

1. 海尔集团、正泰集团、华为公司分别用什么方式进行跨国经营？
2. 以贸易方式进行跨国经营有什么好处？
3. 举例说明什么是贴牌生产，什么是"反向 OEM"。

Lesson 14

典当业是金融服务业的一种，是一个既古老又年轻的行业。与过去不同的是，现在的典当行已不再是穷人光顾的地方，而成了"富人们"融资的场所。由于融资手段方便快捷，为现代金融业拾遗补阙的典当行受到了投资者的欢迎。本文主要介绍了现代典当行的经营业务、经营利润及经营风险，分析了典当业发展过程中存在的一些问题。最后告诉读者，随着市场经济的逐渐成熟，这个行业在国内会有很大的发展空间。

第十四课

拾遗补阙话典当

课文

典当业是一个既古老又年轻的行业，生活在现代社会的人们对它既熟悉又陌生。据**考证**，中国典当业从古代的南朝（始于公元420年）开始出现，至今已有1500多年的历史。清代中期，典当业**盛极一时**，当时的文学作品对这种兴盛有着详细的描述。**史料**记载，清乾隆九年，仅京城一地就有大小**当铺**六七百家，到了嘉庆十七年，全国当铺发展到了23139家。清末至解放前夕，由于连年**战乱**，社会动荡，典当业日渐衰落。

按照中国人的传统观念，走进当铺往往是为生活所迫，是不得已的无奈之举。如今，典当业作为一种融资方式，已经为越来越多的人所接受，市场经济的逐渐成熟也给它**注入**了新的活力，典当业的生存、发展正成为人们关注的热点。与过去相比，现在的典当行已不再是**食不果腹**的穷人经常光顾的地方，而成了富人们融资的场所。据沿海某市某典当行的一位评估师透露，现在走进典当行的人大多数不是因为贫穷，而是因为急需用钱，是为了解决暂时的资金周转问题或进行进一步的投资。这些典当者中有不少是私企老板，拥有较高的经济收入。

国家经贸委制定的《典当行管理办法》实施以后，来自全国各地的、设立典当行的申报相当**踊跃**。新的管理办法降低了典当行的市场准入标准，原来规定申请设立典当行要有500万元人民币，现在只要有300万元就可以按照**程序**向省经贸委提出申请。新的管理办法废除了**股权**结构中"个人不得超过25%"的**条款**，为民间资金进入典当业打开了方便之门。在经营范围上，新的管理办法将典当行单一的动产典当业务扩大到了财产权利和房地产典当业务，使以前只能打"**擦边球**"的房产、股权、**债券**等不动产的抵押业务有了明确的"**尚方宝剑**"。业界人士表示，由于新的管理办法允许典当行经营房地产典当业务，随着国内住房制度改革的深入，房屋典当势必会成为一个新的经营热点，因为相对于银行**抵押**贷款而言，房屋典当的中间环节少，**评估**的费用也相对较少。只是从事房地产典当业务的典当行，**其注册资本**最低限额为500万元，比一般典当行注册资本的最低限额要高出200万元。显然，新的管理办法有利于不同经营范围和规模的典当行生存、发展，也会使实力强、信誉高的典当行占有更多的市场份额。

国内典当业快速发展的同时，也存在着一些不容忽视的问题，如典当行是按照有限责任公司组建的非金融机构，但一些典当行却违规吸收存款、发放贷款甚至发放信用贷款；在少数地方，非法的典当行和典当经营十分**猖獗**，一些旧货商店明着搞**寄卖**，暗地里却经营典当业务，这种做法扰乱了正常的市场和金融秩序。据调查，有一部分人专门从事典当行的"**寄生**"业务，他们常常**混迹**于当铺门前，以高于典当行的价格引**诱**典当人**抛售**当品。对于那些不急于出手的典当者而言，这些"寄生者"给出的高价是个不小的诱惑，对于**销赃**者来说，"寄生者"的存在给他们提供了一个快捷而没有**后患**的销赃途径。

业界人士认为，今后一段时间内，国内个体私营企业将会进入一个大发展的时期，企业经营者所遇到的资金**短缺**问题，多数无法在短期内通过银行得到解决，所以，银行和典当业在一段时间内将会长期共存。典当行对借款人没有**信用**要求，也不问借款的用途，只要质押物品的二次流通价超过借款金额就可以。相比之下，一些商业银行的**专项**贷款，如住房贷款、购车贷款等均有明确的使用要求，所以典当行被不少人所看好。沿海一些城市的典当行一年流通出的**当金**往往高达上千万元。由于抵押范围广，融资手段简便快捷，为现代金融业拾遗补阙的典当行大受投资者**青睐**。

相比于其他行业，典当业只要资金充足、操作规范，其利润**前景**一般都比较好，但**有识之士**对典当业的高风险也有一定的认识。目前国内典当行的年利率是银行利息的10倍，股票质押的贷款金额是银行的3倍，如此高的资金成本让资金使用者**望而却步**。同时，典当业经营范围的扩大也意味着对评估人员素质要求的提高，国内典当业长期形成的师傅带徒弟的培训方式造成了从业人员水平的**参差不齐**，典当业管理上的高风险确实让不少业内人士**心有余悸**。如果没有一批善识别、会**鉴定**的评估师，典当行随时会陷入典当人设下的**圈套**中。例如，一些心术不正的人到典当行浑水摸鱼，他们拿来的金银饰品有的成色不足，有的里面居然是生铁。近几年，国内黄金市场价格调整频繁，如果典当行在高价位时收进的黄金饰品成为死当，风险就只能由自己承担了。

鉴于典当业的传统业务——金银首饰、珠宝古玩等呈现日渐萎缩之势，许多人涉足典当行业的动力都来自它新开发的房产抵押和股票抵押业务。业内人士表示，目前有些经营者不注重低收益、低风险的传统典当业务，而将房产、汽车、有价证券典当作为主要的经营项目，过高估计了典当业的利润。事实上，这些新的典当项目有更高的风险和专业要求，而且受相关政策、法规制约较多。比如房产典当业务，交易的一定得是无人居住的商品房，不然的话，居住者拒绝搬出也很难办。

作为历史悠久的古老行业，典当业具有很大的生存和发展空间，相信随着经济的快速发展和市场秩序的进一步规范，中国沉寂多年的典当业，必将进入一个崭新的发展时期。

生词

拾遗补阙	shí yí bǔ quē		即"拾遗补缺"，拾取、补足别人遗漏、缺失的
典当	diǎn dàng	动词	pledge or pawn
考证	kǎo zhèng	动词	根据资料，考核证实文物、文献中有关史实、文字、语言等方面的问题，并作出一定的结论。
盛极一时	shèng jí yī shí		在一段时间内特别兴旺或流行
史料	shǐ liào	名词	有关历史事实的资料
当铺	dàng pù	名词	专门收受抵押品而借钱给人的店铺，a pawn shop

战乱	zhàn luàn	名词	战争造成的社会混乱局面
注入	zhù rù	动词	流入，灌入，to pour into
食不果腹	shí bù guǒ fù		吃不饱肚子，形容生活贫困
踊跃	yǒng yuè	形容词	形容情绪十分热烈，行动十分积极
程序	chéng xù	名词	（事情）进行的先后次序，procedures 近义词：顺序
股权	gǔ quán	名词	股东在他投资的股份公司里享有的权利，equity
条款	tiáo kuǎn	名词	法规、条约、章程等文件和契约上的条目，条下分款，款下分项，统称条款
擦边球	cā biān qiú	名词	比喻行为已到违规的边缘而又尚未违规的现象
债券	zhài quàn	名词	证明债权人有权按期领取利息、取回本金的凭证
尚方宝剑	shàng fāng bǎo jiàn		即"上方宝剑"，比喻领导机关或上司所给的全权处理某事的权力
抵押	dǐ yā	动词	债务人把自己的财产押给债权人，作为清偿债务或履行有关协议的保证，mortgage
注册资本	zhù cè zī běn		公司申请登记时，向有关部门申报的出资额，the registered capital
猖獗	chāng jué	形容词	凶猛而放肆
寄卖	jì mài	动词	委托他人代卖（自己的物品）或受托代卖（他人的物品），consigning for sale

寄生	jì shēng	动词	自己不劳动而靠剥削别人生活，parasite
混迹	hùn jì	动词	不暴露真实身份或不具备某种资格而混入到（某一处所、场合、群体中）
抛售	pāo shòu	动词	压低价格大量卖出（商品）
销赃	xiāo zāng	动词	销售赃物
后患	hòu huàn	名词	日后（以后）可能出现的祸患
短缺	duǎn quē	动词	（人员、财物等）缺乏、不足
信用	xìn yòng	形容词	不需要提供物质保证，可以按时偿付的，trust
专项	zhuān xiàng	名词	专门设立的某个项目
当金	dàng jīn	名词	支付给典当者的钱
青睐	qīng lài	动词	比喻喜爱或看重
前景	qián jǐng	名词	将要出现的景象；事物发展的情况
有识之士	yǒu shí zhī shì		有见识的人；有眼光的人
望而却步	wàng ér què bù		一望见就往后退缩，形容对困难或危险十分害怕
参差不齐	cēn cī bù qí		长短、高低、大小不齐，形容很不整齐或水平不一
心有余悸	xīn yǒu yú jì		危险的事情虽然过去了，回想起来还感到害怕
鉴定	jiàn dìng	动词	辨别并确定事物的真伪、优劣等
圈套	quān tào	名词	使人上当受骗的计策
心术不正	xīn shù bù zhèng		居心不良
浑水摸鱼	hún shuǐ mō yú		比喻趁混乱的机会或故意制造混乱以捞取好处

成色	chéng sè	名词	金银货币或金银条块、首饰器物等所含的纯金或纯银的量
生铁	shēng tiě	名词	含碳量在2.0%～4.5%之间的铁碳合金，一般质硬而脆，供炼钢、练熟铁及铸造使用，cast iron
死当	sǐ dàng	名词	典当人到期没有还钱，抵押品归当铺所有，这种情况叫死当
鉴于	jiàn yú	介词	表示以某种情况为前提加以考虑
萎缩	wěi suō	动词	（经济等）萧条衰退
涉足	shè zú	动词	进到某种环境或领域
收益	shōu yì	名词	生产上或商业上的收入
沉寂	chén jì	形容词	没有任何消息

 注 释

一、**典当业**是一个既古老又年轻的行业／仅京城一地就有大小**当铺**六七百家

　　典当业在中国有很长的历史，1949年以前从事这个行业经营活动的店铺叫当铺，现在叫典当行。过去的当铺收受衣服、金银等实物作为抵押，按物折价（一般五折以下）借钱给抵押东西的人，约定时间，到期还钱赎回物品。如果抵押东西的人到期无力还钱，抵押品就归当铺所有，当铺可以将它原价出售，获取很高的利润。现在的典当业属于金融服务业，典当行的业务范围相当广泛，工商企业和个体工商户可以把闲置设备、积压产品等作为抵押品贷款，老百姓也可以把贵重物品典当为现金以救急。典当的物品赎回时，只需付出国家规定的利息。

二、走进当铺往往是**为生活所迫**／典当业作为一种融资方式，已经**为越来越多的人们所接受**

"为……所"，即"被……所"，构成被动句，是典型的书面语。"为……所"结构出现在句子中时，主要有以下两种形式：

1. 为＋名词（名词短语）＋所＋动词，注意，当动词为单音节时，"所"不能省略。

例如：

（1）大家为她的歌声所吸引，纷纷跑了过来。

（2）他的观点已为无数事实所证明。

（3）北京的小吃历来为人们所称道。

（4）进山的路仍为风雪所阻。

2. 不＋为＋名词（名词短语）＋所＋动词，这是"为……所"结构的否定形式。

例如：

（5）他是一个很伟大的人，虽然他的名字不为人们所熟悉。

（6）说起那位母亲，没有一个人不为她的事迹所感动。

（7）当金钱、权力都摆在他面前时，他仍不为所动。

3. 有时"为……所"结构并不表示被动。

例如：

（8）这座大楼为1880年所建，至今已有一百多年的历史了。

三、典当业的生存、发展正成为人们关注的**热点**

热点，指某时期引人注目的地方或问题，近义词是"热门"。热门，指吸引许多人的事物。两词都是名词，都可以指吸引人的事物，区别在于：

1."热点"有一定的时间限制，用于具体事物时只能指地方，用于抽象事物时只能指问题；"热门"不一定局限于某个时期内，可用于多种具体或抽象的事物。

2."热点"常作宾语，"热门"常作定语。

例如：

（1）近两年，海南岛成了旅游的热点。

（2）目前，教育消费已成为居民消费中的一个新热点。

（3）今年北京市出境游增长热点是德国、印度、南非等国家。

（4）那位议员被认为是2012年美国总统大选的热门人选。

（5）那所职业学校拥有舞蹈、钢琴、宝石鉴定与加工等十多个热门专业。

（6）《金陵十三钗》是2012年中国最热门的电影。

四、来自全国各地的、**设立**典当行的申报相当踊跃

设立，指设置建立（组织、机构等），近义词是"建立"，两词都是动词，都有成立的意思，区别主要有：

1."设立"侧重在设置；"建立"侧重在开始成立、形成。

2."设立"多用于组织、机构等，适用范围较小；"建立"除用于组织、机构等以外，还可用于抽象事物，适用范围较大。

例如：

（1）这是政府新设立的对外宣传机构。

（2）有17家台湾金融机构在上海设立了代表处。

（3）在情人节到来之前，各大百货商场都设立了情人节巧克力专柜。

（4）要建立一套规范的市场管理机制。

（5）建立自然保护区，在世界上已有100多年的历史。

（6）1972年，中国和美国建立了外交关系。

五、原来规定**申请**设立典当行要有 500 万元人民币

"申请"作动词时,指向上级或有关部门说明理由并提出请求;作名词时,指提出的请求、需求。它的近义词是"请求","请求"作动词时指有礼貌地提出要求,希望得到满足;作名词时指提出的要求。两词都是动词兼名词,都可以指提出要求或提出的要求,区别主要有:

1."申请"限于向上级或有关部门提出要求,涉及的一般不是小事;"请求"可以向上级、平级及不认识的人提出要求,涉及的事情可大可小。

2."申请"侧重在说明理由后提出;"请求"侧重在有礼貌地提出,不一定说明理由。

3."申请"比较正式,多用于书面提出,"请求"不一定是正式的,口头、书面都可以提出。

例如:

(1)那家公司设立分支机构的申请没有被批准。

(2)受金融危机影响,那家著名的汽车公司向政府申请破产。

(3)2003 年中国专利申请量超过了 30 万件。

(4)小王提出出国进修一年,领导批准了他的请求。

(5)她哭着请求大家原谅她。

(6)经理直截了当地讲了分公司的实际困难,请求给予帮助。

六、现在只要有 300 万元就可以按照**程序**向省经贸委提出申请

"程序"指事情进行的先后次序,近义词是"顺序"。两词都是名词,都有次序的意思,区别在于:"程序"侧重指事情进行的内在步骤的先后;"顺序"侧重指事物在外在时空上排列的先后。

例如:

(1)他虽然不是律师,但对一般的法律程序却很熟悉。

（2）婚姻法在规定结婚条件和程序的同时，还规定了离婚的原则和程序。

（3）依照"汉语桥"比赛的程序，选拔赛分为专题演讲、回答问题和才艺表演三个部分。

（4）与人交谈，一定要注意谈话内容的条理及顺序。

（5）秘书打乱了原来的顺序，把文件重新整理了一遍。

（6）请按从小到大的顺序写出从2到100的全部自然数。

七、使以前只能打"**擦边球**"的房产、股权、债券等不动产的抵押业务有了明确的"**尚方宝剑**"

"擦边球"和"尚方宝剑"都是常用的惯用语。"擦边球"原指打乒乓球时，落点紧擦对方球台边沿使对方很难接的险球，后来人们把做在规定的界限边缘而不违反规定的事比喻为打"擦边球"。

"尚方宝剑"又叫"上方宝剑"、"上方剑"，原指皇帝用的宝剑，中国戏曲和古代小说中常说，手中持有皇帝赏赐的上方宝剑的大臣，出外办事有先斩后奏的权力。现在常用来比喻握有领导机关或上司所给的全权处理某事的权力。

例如：

（1）做事情一定要稳妥，千万不能打擦边球。

（2）为获取更多的利润，私企老板们打起了国家政策的擦边球。

（3）听说派来的人是带有尚方宝剑的，对她可不能怠慢。

（4）即使你有尚方宝剑，也很难解决那个单位的问题。

八、**评估**的费用也相对较少

"评估"，对质量、水平、成绩等进行评议估价，近义词为"评价"，指评定人或事物的价值和作用。两词都可用作动词，都有评论估价的意思。区别在于：

1."评估"侧重在对情况进行分析和大致的推断；"评价"侧重在对人或事物的价值等作出评论。

2. "评估"的对象主要是情况、效果、效益等,适用范围较小;"评价"的对象可以是人,也可以是具体的、抽象的事物,适用范围较大。

3. "评估"是专业用语,"评价"是一般用语,"评估"只是动词,"评价"还可以作名词,指通过评定得出的有关事物价值的结论。

例如:

(1)专家高度评价了互联网在普及科学知识方面的作用。

(2)观众对这部电影给予了相当高的评价。

(3)评价任何事情都要有一个客观的态度。

(4)专家们正在对那个公司的资产进行评估。

(5)本公司将在三天内以电话方式回复评估结果。

(6)中国将启动以就业为导向的高等教育评估制度。

九、国内典当业快速发展的同时,也存在着一些**不容**忽视的问题

这里的"容"是动词,"许可、允许"的意思,"不容"就是不许、不容许、不让。"容"出现在句子中时,要求构成兼语句式,主语常用第二人称,有时也不用主语。

例如:

(1)这件事关系重大,容我再想想。

(2)这不是我一个人的事,容我和妻子商量一下再作决定吧。

"不容"出现在句子中,后面一般加双音节词语。

例如:

(3)这个观点的正确性是不容置疑的。

(4)父亲不容分说,上去就打了孩子一巴掌。

(5)事实的真相不容歪曲。

(6)目前的就业形势不容乐观。

（7）他不容大家探讨，就擅自决定投资房地产。

（8）事故发生后，老板不容小王辩解，就把他开除了。

十、如果没有一批善识别、会**鉴定**的评估师

"鉴定"，指辨别并确定事物的真伪、优劣等；近义词是"审定"，指审察决定。两词都可以作动词，都有评估判定的意思，区别在于：

1."鉴定"侧重用鉴别的方法确定事物的真伪优劣；"审定"侧重指通过审察决定是否可行。

2."鉴定"多用于质量、品质等抽象事物；"审定"多用于计划、提案、著作等具体事物。

3."鉴定"的实行者往往是掌握某种鉴别方法的专门人才；"审定"的实行者往往是上级机关或权威人士。

4."鉴定"还可以用作名词；"审定"只能用作动词。

例如：

（1）他是文物鉴定方面的专家。

（2）奥运会足球赛比赛场地已基本通过技术鉴定。

（3）法医经过鉴定，宣布那位电影明星不是死于自杀，而是被人谋杀的。

（4）营销方案必须报请公司总经理审定。

（5）今年对外汉语教师资格的审定工作已经结束。

（6）目前，中国经政府审定、命名的风景名胜区已达六百多处。

十一、**鉴于**典当业的传统业务——金银首饰、珠宝古玩呈现日趋萎缩之势

"鉴于"，介词，书面语，意思是"考虑到"，"认识到"，可以表示根据。

用法如下：

1.鉴于 + 名词短语，表示行为的根据。

例如：

（1）鉴于上述情况，我们建议会议提前召开。

（2）鉴于过去的教训，我们这次用很温和的方式来处理这件事。

2. 用在前一分句，表示原因或理由，多指应该引以为戒或作为经验教训的事情。

例如：

（3）鉴于调节有了成效，双方将不再诉诸法律。

（4）鉴于形势已经发生了变化，我们制订了新的方案。

3. 主语可用在"鉴于"前。

例如：

（5）公司鉴于他有悔改表现，决定暂时不开除他。

注意，"基于"和"鉴于"都有根据某事采取某种行动的意思，但"鉴于"多从接受经验教训着眼，"基于"一般是提出理由或原因。

十二、**不然**的话，居住者拒绝搬出也很难办

"不然"，连词，意思是"如果不这样"、"否则"，表示假设的否定，用来引出表示结果或结论的小句。在"不然"后面加上"的话"，可以加强假设语气。

例如：

（1）天冷了，你要穿暖和些，不然会着凉的。

（2）该写信了，不然家里会不放心。

（3）他一定有事，不然的话，为什么这么晚还不回来？

"不然"还可以引出可供选择或交替进行的后项，前面可加"再"，后面常用"就"呼应。

例如：

（4）可以打电话找他，再不然，你就自己跑一趟。

（5）足球比赛嘛，不是你踢进，就是他踢进，再不然就是全都踢不进。

注意，"要不然"的用法与连词"不然"基本相同，只是假设语气更重，"要不然"多用于口语。

例如：

（6）幸亏你来得早，要不然就赶不上飞机了。

 练 习

一、根据课文选择正确答案。

1. 关于典当业，下面的哪个描述是错误的：_____
   A. 是一个既古老又年轻的行业。
   B. 在清代中期曾盛极一时。
   C. 开始于唐宋时代。
   D. 清朝末年到解放前夕，典当业一天天衰落下去了。

2. 现代典当业：_____
   A. 是食不果腹的穷人经常光顾的地方。
   B. 是"富人们"融资的场所。
   C. 只能经营动产典当。
   D. 不被允许设立分支机构。

3. 国家经贸委出台的《典当行管理办法》规定：_____
   A. 申请设立典当行要有500万人民币。
   B. 在股权结构中，个人不得超过25%。
   C. 只有注册资本1000万元以上的典当行才可以设立分支机构。
   D. 不允许负债经营。

4. 以下哪个不是目前典当行存在的问题：_____

　　A. 违规吸收存款。

　　B. 一些旧货商店明着搞寄卖，暗地里却经营典当业务。

　　C. 违规发放贷款乃至信用贷款。

　　D. 从事典当寄生业务的人高价诱惑典当人抛售。

5. 以下哪条不属于经营典当行的风险：_____

　　A. 典当传统业务——金银首饰、珠宝古玩呈日趋萎缩之势。

　　B. 如果没有高水平的鉴定师、评估师，就随时会陷入当户设下的圈套中。

　　C. 汽车典当中不可预料的因素。

　　D. 房产典当中有人居住的商品房。

二、熟读并理解下面的词语。

当铺　　当金　　当期　　当户　　当票

典当　　续当　　赎当　　绝当　　死当

抵押　　本金　　手续费　　评估师

典当行　　典当业　　典当者　　抵押品

分支机构　　股权结构　　注册资本　　负债经营

三、给下面句子中画线的词语选择合适的义项。

出手

　A. 动词，销售、脱手

　B. 动词，往外拿（财务）

　C. 名词，开始做某事时显露出来的本领、才能

（　　）1. 我跟他才下了几步棋，就觉得他<u>出手</u>不凡。

(　　) 2. 那批货已经出手了。

(　　) 3. 她向来出手大方。

(　　) 4. 他一出手就成千上万，这怎么得了。

(　　) 5. 由于对方急于出手，所以这批商品的进价很低。

萎缩

A. 动词，经济萧条衰退

B. 动词，（身体、器官等）功能减退并缩小

C. 动词，（草木）干枯衰败

(　　) 1. 人工制造的假花也有它的好处，就是永远不会萎缩。

(　　) 2. 那个病人长期卧床，几年后，他的四肢有些萎缩了。

(　　) 3. 太阳一晒，剪下来的草开始萎缩了。

(　　) 4. 中国的自行车市场正在萎缩。

(　　) 5. 老年人中得肌肉萎缩症的特别多。

预料

A. 动词，事先料想、推测

B. 名词，事先的料想或推测

(　　) 1. 谁也没有预料到会出现这样的情况。

(　　) 2. 你的预料是正确的。

(　　) 3. 有关部门预料今年小麦的产量会比去年有所增加。

(　　) 4. 出乎老师的预料，那个学习很差的学生居然及格了。

空白

A. 名词，（版面、书页、画幅等上面）空着、没有被填满或没有被利用的地方

B. 名词，泛指尚未开发的领域或项目

(　　) 1. 这个领域的研究目前在国内还是一个空白。

(　　) 2. 版面上还有空白，可以补一篇短文。

(　　) 3. 桌上堆着许多空白表格。

(　　) 4. 这项试验的成功，填补了我国飞机制造方面的一个空白。

四、选词填空。

拾遗补阙　　盛极一时　　食不果腹　　望而却步

参差不齐　　心有余悸　　心术不正　　浑水摸鱼

1. 很多小企业在社会经济中起到的只是_____的作用。

2. 台湾歌星邓丽君的歌曲曾经_____。

3. 他捡到了一大笔钱，一下子由_____的乞丐变成了有钱的人。

4. 招聘的标准定得太高了，会使一般人_____的。

5. 那个学校招收的留学生虽然很多，但学生的水平却有些_____。

6. 那次车祸已经过去一年多了，如今想起来，仍然_____。

7. 那个人的眼光躲躲藏藏，一看就是个_____的人。

8. 有的人表面上来凑热闹，实际上是想_____。

五、辨析下列近义词并选择填空。

设立—建立　　热点—热门　　程序—顺序

申请—请求　　评估—评价　　审定—鉴定

1. 他_____邻居帮他照看一下孩子。

2. 亚运会开幕式上，中国体育代表团按拉丁字母_____排在第七个入场。

3. 厂长_____并通过了我们上报的生产计划。

4. _____加入广告协会的公司很多。

5. 比赛组织者表示，本届比赛在规则和_____上将更加完善。

6. 最近，长江三峡成了旅游_____。

7. 文物专家正在_____那些出土文物的年代。

8. 读者对那部小说的_____很低。

9. 政府决定_____一个新机构肯定会有很多理由。

10. 影星、歌星的私生活向来是一些人津津乐道的_____话题。

11. 教育部最近对很多大学的教学工作进行了认真的_____。

12. 四年的大学生活使他们_____起了很深的友谊。

六、模仿下列句子，用括号里的词语造句。

1. 典当业作为一种融资方式，已经为越来越多的人所接受。（为……所）

2. 国内典当业快速发展的同时，也存在着一些不容忽视的问题，如典当行是按照有限责任公司组建的非金融机构，但一些典当行却违规吸收存款、发放贷款甚至发放信用贷款。（不容……，如……）

3. 相对于银行抵押贷款而言，房屋典当的中间环节少，评估的费用也相对较少。（相对于……而言）

4. 由于抵押范围广，融资手段简便快捷，为现代金融业拾遗补阙的典当行大受投资者青睐。（由于）

5. 鉴于典当业的传统业务——金银首饰、珠宝古玩等呈现日渐萎缩之势，许多人涉足典当行业的动力都来自它新开发的房产抵押和股票抵押业务。（鉴于）

6. 比如房产典当业务，交易的一定得是无人居住的商品房，不然的话，居住者拒绝搬出也很难办。（不然的话）

7. 对于销赃者来说，"寄生者"的存在给他们提供了一个快捷而没有后患的销赃途径。（对于……来说）

8. 使以前只能打"擦边球"的房产、股权、债券等不动产的抵押业务有了明确的"尚方宝剑"。（打擦边球）

七、综合填空。

典当业__1__人类最古老的行业之一历经变迁，如今又重新走进人们的经济生活中。据__2__，我国的典当行现有1000～1100家，而且大多数__3__在经济较发达的大中城市。__4__我国金融体制改革的不断深入，部分国有商业银行纷纷撤出县城，这就为县城典当行的发展提供了更多的__5__。

1. A. 成为　　　B. 作为　　　C. 当作　　　D. 以为
2. A. 了解　　　B. 显示　　　C. 认为　　　D. 表示
3. A. 遍布　　　B. 分散　　　C. 分布　　　D. 属于
4. A. 由于　　　B. 跟随　　　C. 随同　　　D. 随着
5. A. 空间　　　B. 地点　　　C. 地方　　　D. 范围

八、组成一个3人小组，课后调查一家典当行，用汉语写一篇300～400字的调查报告。

Lesson 15

自从轿车进入中国家庭以后,价格就一直是消费者关注的热点,在中国汽车业与国际接轨的进程中,中国汽车市场面临的问题主要是:车价还会不会降?怎样让消费者得到更多的实惠?中国汽车业的生产增长能有多快?汽车业的发展与消费环境会不会得到进一步的改善?各大跨国公司怎样在中国这个新兴市场上大展身手?这些问题的答案都会出现在下面的课文中。

第十五课
四大问题考验中国汽车市场

 课文

第一个问题：车价会不会降

这个问题看上去有些多余，因为"入世"以来我国车价逐步下降，是不可逆转的趋势。

不过，汽车的价格始终是消费者关注的**焦点**。在轿车进入家庭初期，价格的市场弹性有目共睹。2002年，汽车生产厂家的降价**轻而易举**地打破了消费者持币待购的局面，车市最红火的一年由此拉开了**序幕**，汽车企业随即在价格方面表现出了**空前**的灵活性。它们既希望保持价格的稳定性，又不得不**顾及**消费者对价格的不满，于是，声称"不会降价"却悄悄地选择了提高配置但不提高价格的**妥协**方案，这种做法也为市场所接受。**屈指**算来，"一毛不拔"的企业一个也没有。

新车型上市前，价格成了保留到最后一分钟的最大**悬念**，这个悬念还因为对手的刺激而充满了**变数**。POLO **下线**后两个月都对价格**秘而不宣**，制造了2002春天车市最大的新闻；派力奥上市前一天，赛欧突然大幅度降价，迫使派力奥低价入市；威驰选择了比较**宽泛**的价格梯度，最低价和最高价居然相差了7万元。仔细**探究**，丰田恐怕还没有自信到凭借一款车同时占据中、低端市场的地步，试探市场反应才是它真正的目的。

在强大的需求面前，厂家定价尚且如此**谨慎**，这预示着一个新的方向：汽车制造商必须关注消费者的需求，降低利润率，才有可能赢得市场。未来车市的价格变动，将是这种思路的**延伸**。而新车的定价，将会变得更为困难和谨慎。唯一可以肯定的是，车市**水分**会逐渐减少，消费者将得到更多的实惠。

影响车价的主要因素还有**关税**的降低。"入世"后，中国大幅下调了进口汽车关税，2005年后，更是取消了实行20年的汽车进口配额**许可证**制度，开始实施汽车自动进口许可管理，为外国汽车进入中国市场提供了极大的方便，但同时，

这一政策也使国产中高档轿车受到了直接威胁。不过，生产企业似乎对此已有**先见之明**，纷纷早在"入世"后的第一年就完成了自身产品的升级和换代。

第二个问题：增长能有多快

消费是拉动我国 GDP 增长的三大因素之一，作为消费新热点的汽车对经济增长的作用日渐重要。高速增长的 GDP，必须有高速成长的行业支撑，家电和材料行业都曾经承担过这个重任。在我国居民平均年收入**逼近** 1000 美元这个历史**关口**的今天，历史的重任就落到了汽车身上。在经历了 2002 年 37% 的增长率后，汽车业还能保持高速增长吗？

据国家信息中心预测，今后我国汽车需求的增幅将会放缓。与预测的放缓情形相一致，各生产企业显得更加谨慎。比如，高居**重型**车增幅**榜首**的中国重汽集团，主动把增幅调低了 15%。对前景判断**较为**乐观的是一些轿车厂家，上汽奇瑞汽车、广州丰田、海南马自达等企业纷纷扩大产能。据国家统计局网站公布的信息，截至 2012 年年末，全国民用汽车保有量达 12089 万辆，比 2011 年末增长 14.3%。其中，私人汽车保有量增长依然和前几年一样显著，增幅达到了 18.3%。私人购车主体地位的形成，对于生产企业来说当然是个**喜讯**：因为与公车消费的**起伏**相比，私人购车具有相当的稳定性。

第三个问题：发展与消费环境会改善吗？

答案是肯定的，特别是随着《汽车产业发展政策》（2010 年修订稿）的出台，汽车业的发展与消费环境变得更加**宽松**了。

回顾历史，2002 年颁布的《关于进一步促进汽车工业发展的若干意见》已经使汽车业的发展与消费环境宽松了不少：在 2002 年的若干重组案中，管理层就**默许**了不少"违规"行为。被称为"入世"后首例汽车企业涉外重组案的东风悦达起亚公司，就以"中中外"的形式成就了起亚公司**控股**的事实，突破了外资不得控股的限制；其后本田更是以广州轿车出口基地项目 65% 的股份明确突破了这一**底线**；通用与上汽**联手**重组五菱，拥有了在华的第三家整车合资企业，对外国公司不得有两家以上整车合资项目的规定**置之不理**，与此同时，40%的国产化率要求也几乎成了**一纸空文**。

2003年1月1日，中国的车险改革第一次启动。改革的焦点是车险**费率**的调整，从过去的以车定保转向更多考虑人的因素，汽车自身的安全性能和个人驾驶技术成为定价的关键，优质客户、**车况**和驾驶记录好的客户享有优惠。鉴于以前车险领域里的恶性价格竞争，11家保险公司老总共同**签署**了行业自律协定，这一协定大大降低了车险费率价格**波动**的可能性。2012年，商业车险费率市场化改革再次启动，此次改革已经于2013年下半年正式实施，业内人士表示，这次改革给私人车主提供了更好的汽车消费环境。

消费者**翘首以待**的《缺陷汽车产品召回管理规定》在2004年10月1日开始实施，近十年来，这一规定使中国汽车消费者的利益得到了较大的保障。

第四个问题：跨国公司会怎样布局？

2002年消费者看到了**走马灯**似的签约场面，"6+3"集团在中国的布局基本完成，布局结束后会怎样呢？

目前，"6+3"**格局**中的跨国公司已经成为"全球导向性公司"，其海外产量已经占总产量的51%，海外市场是其市场总量的55%，海外**雇员**的比例达到了52%，在这种形势下，它们对以中国为代表的新兴市场的重视是不言而喻的，中国市场的成败将在很大程度上影响着它们在全球竞争中的地位。

从2002年开始，跨国公司与中国汽车业合作的广度和深度大大增加。行动**迟缓**的日本汽车**雷厉风行**，丰田在天津迈出了在中国生产整车的第一步，又与一汽合作谋求中国轿车市场份额的10%。马自达也不甘落后，除了**热销**的普力马和福美来，又将其**当家**产品马自达6送到中国，目标是轿车市场份额的5%。

2012年6月，德国大众集团发布了相关公告，公告表示自从1985年进入中国，大众集团已经在中国成立了17家公司及子公司，累计投资124亿欧元，计划未来将加大中国市场开发力度，2012年至2016年将**追加**投资140亿欧元，并且希望通过本地化生产和销售进口车两条腿走路。大众已经在中国经营了27年，国内轿车企业中销售网络最密集的就是上海大众和一汽大众，大众品牌轿车连续几年占据中国轿车市场40%以上的份额。不过，大众集团要想**美梦成真**，获得更大的发展，还有较长的一段路要走。

生词

焦点	jiāo diǎn	名词	比喻事情（或道理）引人注意的集中点，focus
轻而易举	qīng ér yì jǔ		形容事情很容易做，不费力气
序幕	xù mù	名词	比喻重大事件的开端
空前	kōng qián	形容词	以前没有过（的）
顾及	gù jí	动词	照顾到；注意到
妥协	tuǒ xié	动词	用让步的方法避免冲突或争执
屈指	qū zhǐ	动词	弯着手指头计算
一毛不拔	yī máo bù bá		比喻非常吝啬
悬念	xuán niàn	名词	suspense
变数	biàn shù	名词	泛指可变的因素
下线	xià xiàn	动词	指汽车、电器等在生产线上组装完毕，可以出厂
秘而不宣	mì ér bù xuān		守住秘密，不肯宣布
宽泛	kuān fàn	形容词	涉及面宽，范围大
探究	tàn jiū	动词	探索研究；探寻追究 近义词：探求，探索

谨慎	jǐn shèn	形容词	对外界事物或自己的言行密切注意，以免发生不利或不幸的事情
延伸	yán shēn	动词	延长；伸展 近义词：延长
水分	shuǐ fèn	名词	比喻某一情况中夹杂的不真实的成分
关税	guān shuì	名词	国家对进出口商品所征收的税，customs duty
许可证	xǔ kě zhèng	名词	准许做某事的书面凭证
先见之明	xiān jiàn zhī míng		事先觉察到将会出现某种状况的眼力；预见性
逼近	bī jìn	动词	靠近；接近
关口	guān kǒu	名词	关键地方；起决定作用的时机或转折点
重型	zhòng xíng	形容词	与同类产品相比，在重量、体积、功效或威力上特别大的
榜首	bǎng shǒu	名词	泛指竞赛或比赛中的第一名
较为	jiào wéi	副词	表示有差别，但程度不很深（多用于同类事物比较）
喜讯	xǐ xùn	名词	使人高兴的消息 反义词：噩耗
起伏	qǐ fú	动词	比喻情绪、关系等变化不定
宽松	kuān sōng	形容词	（环境、气氛、心情等）轻松，不紧张
默许	mò xǔ	动词	没有明白表示同意，但是暗示已经许可 近义词：默认

控股	kòng gǔ	动词	由于掌握股份公司一定数量（半数以上或相对多数）的股份而能控制公司生产经营活动的状况或行为，hold a certain of shares to gain control of a company's business
底线	dǐ xiàn	名词	比喻必须坚守的最低条件或限度，也说底限
联手	lián shǒu	动词	联合在一起；彼此合作
置之不理	zhì zhī bù lǐ		放在一边儿不理不睬
一纸空文	yī zhǐ kōng wén		只是写在纸上却没有兑现或不能兑现的东西（多指条约、规定、计划等）
费率	fèi lǜ	名词	交纳费用的比率
车况	chē kuàng	名词	车辆的性能及运行、保养等方面的状况
签署	qiān shǔ	动词	在重要文件、条约上正式签字署名 近义词：签订
波动	bō dòng	动词	像波浪那样起伏不定；不稳定 近义词：起伏 反义词：平稳
翘首以待	qiáo shǒu yǐ dài		抬起头盼望等待，形容急切盼望、等待
走马灯	zǒu mǎ dēng	名词	比喻人物、场面等变动频繁
格局	gé jú	名词	一定的格式和布局
雇员	gù yuán	名词	被雇用的员工，employee 反义词：雇主

迟缓	chí huǎn	形容词	缓慢；不快 反义词：迅速
雷厉风行	léi lì fēng xíng		形容执行政策、法令等严格而迅速
热销	rè xiāo	动词	（商品）受欢迎而销售得快 近义词：畅销
当家	dāng jiā	形容词	主要的；最拿手的
追加	zhuī jiā	动词	在原定的数额以外再增加
美梦成真	měi mèng chéng zhēn		美好的愿望变成了现实

注 释

一、车市最红火的一年由此拉开了序幕

"由此"，习惯用语，从这里。承接上文，表示根据以上叙述加以推论或进一步阐述，是书面语。

例如：

（1）教学改革实验由此起步。

（2）你的生活将可能由此而改变。

（3）由此看来，保险市场需要大力规范。

（4）由此可知，任何企业的成功都不是偶然的。

（5）由此可见，经济全球化是一个明显的趋势。

（6）我们可以由此得出结论，海尔集团的营销策略是非常成功的。

（7）对由此产生的直接或间接后果，本公司不承担任何责任。

（8）不知是赃物而购买，由此造成的损失谁来负责？

二、仔细**探究**

"探究"指探索、追究，近义词是"探求"、"探索"。它们都是动词，都有努力寻求、试图发现或得到的意思，区别在于：

1. "探究"侧重在追究、弄明白；"探求"侧重在通过追求得到；"探索"侧重在寻找答案，解决疑问。

2. "探究"的对象多为原因、奥秘等；"探求"的对象多为学问、真理、光明等；"探索"的对象多为规律、途径、方法、根源等。

例如：

（1）各国气象学家都在探究气候变异的原因。

（2）经过不断探究，我们终于找到了事故的起因。

（3）教师应该培养学生探究问题的兴趣和意识。

（4）科学家努力探索宇宙的奥秘。

（5）他们已经在这一领域探索了几十年。

（6）中国从20世纪80年代就开始探索适合自己的经济发展道路。

（7）从青年时代起，那位学者就开始探求学问。

（8）他的一生是探求真理的一生。

（9）他是一个热衷于探求学问的人。

三、厂家定价**尚且**如此谨慎

连词，用在两个小句中前一小句的谓语动词前，提出某种明显的事例作比况或衬托，在意思上先让一步，以引出后一小句更进一层的意思，后一小句表示结论合于事理或情理，前后经常有推理关系。

1. 后一小句是推论：

（1）见面尚且怕，更不必说向他提意见了。

（2）他现在说话尚且成问题，更别说唱歌了。

后一小句是推论，但用反问的形式给出，有比较的意味：

（3）大人尚且如此恐惧，何况小孩？

（4）老年人尚且有那么大的干劲，何况我们青年人呢？

2. 后一小句对已发生的事实作出评判：

（5）这个问题专家尚且搞不清楚，你就别在这儿不懂装懂了。

（6）自己的言行尚且不一致，还在这里教育别人！

四、将是这种思路的**延伸**

"延伸"指延长、伸展，近义词是"延长"。两词都是动词，都有往长的方面发展的意思。区别在于：

1. "延长"侧重在拉长，"延伸"侧重在伸展。"延长"的反义词是"缩短"，"延伸"的反义词是"收缩"。

2. "延长"可用于时间、生命、线路等，适用范围较大；"延伸"多用于线路，适用范围较小。

例如：

（1）主持人宣布会期将延长一天。

（2）有人建议将五一假期延长到七天。

（3）我们正在研究延长合同期限的问题。

（4）这条铁路沿着长江下游一直延伸到入海口。

（5）建设中的公路一天天地向前延伸着。

（6）北京市的公交线路从市中心向外围延伸。

五、这一协定**大大**降低了车险费率价格波动的可能性／跨国公司与中国汽车业合作的广度和深度**大大**增加

"大大"，副词，强调程度很深或范围很广，在句子中作状语，一般修饰双音节动词、动词短语和少量形容词。"大大"后面可以加"地"。

例如：

（1）近年来，我国城市居民实际购买力大大增强。

（2）现在有些商品的售价大大提高，质量却大大下降了。

（3）房改制度实施以来，城市居民的居住条件大大改善了。

（4）物质生活大大丰富了，人们开始追求精神生活的满足。

（5）中国有些西部省区的人均收入水平大大低于沿海省市。

（6）今年，这个省的粮食产量大大地超过了往年。

六、高居**重型**车增幅榜首的中国重汽集团

"重型"，形容词，指和同类产品相比，在重量、体积、功效或威力上特别大的，比如重型卡车、重型炸弹、重型坦克、重型车床等。"重型"不同于一般的形容词，不能自由作谓语，它是非谓形容词，现代汉语里的非谓形容词还有一些。

例如：

男／女、良性／恶性、上等／下等、男式／女式、大号／中号、应届／往届、活期／定期……

这类形容词只出现在两种场合：

1. 不能作谓语，后面可加名词。

例如：

（1）一辆重型卡车开出了工厂大门。

（2）癌症也叫恶性肿瘤。

（3）这家商场的女式服装特别贵，男式服装也不便宜。

（4）没有一个总统敢说自己是上等公民，老百姓都是下等公民。

（5）我有两个活期存折，一个定期存折。

（6）她肯定是应届毕业生，往届毕业生早就离开学校了。

2. 后面可加"的"。

例如：

（7）那台计算机是小型的，大型的还没出厂呢。

（8）医生说他的肿瘤是良性的。

（9）这件印有"linsanity"的NBA球衣是最大号的。

（10）今天是"三八妇女节"，女的可以休息半天，男的不行。

七、对前景判断**较为**乐观的是一些轿车厂家

"较为"，副词，表示有差别，但程度不很深，多用于同类事物比较，只能修饰双音节形容词，不用于否定形式，是书面语。

例如：

（1）公司对这次突发事件的处理较为妥当。

（2）去那个海滨城市，从陆路走较为安全。

（3）今年的就业形势较为严峻。

（4）和城区相比，郊区的空气较为新鲜。

"较为……"的结构可以在句子中作定语和状语。

例如：

（5）中国的房地产业急需一套较为规范的管理制度。

（6）由于有关部门的大力协助，调查工作才得以较为顺利地进行。

八、管理层就**默许**了不少"违规"行为

"默许"指没有明白表示，但暗示已经许可。近义词是"默认"，指心里同意或承认，但不表示出来。两词都是动词，区别主要有：

1."默许"侧重在同意、许可；"默认"侧重在予以承认。

2."默许"既可用于既成事实，也可用于没有进行的事情；"默认"多用于既成的事实。

3. "默许"常带兼语或非名词性宾语;"默认"常带名词性宾语。

例如:

(1)双方父母都默认了他们俩的婚事。

(2)事情已经是木已成舟,你就默认了吧。

(3)IE 是微软 Windows 系统默认的浏览器。

(4)只要他不开口反对,就算是默许了。

(5)父母虽然嘴上没有说同意,但已经默许了儿子和那个女孩的交往。

(6)经理已经默许了,你就放心去做这件事吧。

九、2003 年 1 月 1 日,中国的车险改革第一次**启动**

"启动",指机器、仪表、电气设备等开始工作,近义词是"发动",两词的区别主要有:

1."启动"侧重指自身开始工作,"发动"侧重指施加外力使动起来。

2."启动"多用于机器、仪表、电气设备等具体事物,适用范围较小;"发动"除用于机器、设备等具体事物外,还可用于人和抽象事物,适用范围较大。

例如:

(1)学校发动学生开展植树活动。

(2)1939 年,德国发动了第二次世界大战。

(3)华为集团发动所有研发人员进行技术创新。

(4)我国政府采取一系列措施启动消费市场。

(5)据透露,两国的新一轮贸易谈判将于明年启动。

(6)他的电脑发生了故障,无法正常启动了。

十、11 家保险公司老总共同**签署**了行业自律协定

"签署",指在重要文件上正式签字、署名,近义词是"签订",指订立条约、协议或合同并在上面签字。两词都是动词,区别主要有:

1. "签署"的施动者是个人;"签订"的施动者是双方或多方。

2. "签署"、"签订"都可用于条约、协定、协议、合同等,除此之外,"签署"还可用于文件、命令、纪要、通报等,适用范围比"签订"广。

例如:

(1)经过几天的谈判,两国终于签订了建立双边贸易关系的协议。

(2)我们公司已经和那家外国公司签订过一份合同。

(3)用人单位应该主动与本单位职工签订劳动合同。

(4)"中美联合公报"是在1972年签署生效的。

(5)2000年5月19日,中国与欧盟代表在北京签署了关于中国加入世贸组织的双边协议。

(6)这份会议纪要是由董事长亲自签署的。

十一、"6+3"**集团**在中国的布局基本完成

"6+3"集团指全球汽车业的主要生产厂家。全球汽车工业总的竞争态势是大企业、大集团主宰和垄断市场,从20世纪90年代起,全球汽车工业基本形成了"6+3"竞争格局。其中的"6"是指通用、福特、戴姆勒-克莱斯勒(简称戴-克)、丰田、大众、雷诺—日产6家巨型跨国公司,这6家企业合计产销量占全球的75%;"3"是指相对独立自主的本田、标致雪铁龙(PSA)和宝马3家。9家公司合计的汽车年产销量占世界总量的92%。应当指出的是,"6+3"系统企业在华的合资企业控制了中国95%以上的市场。

十二、并且希望通过本地化生产和销售进口车**两条腿走路**

"两条腿走路",习惯用语,比喻制定政策或安排工作时,同时采用两种形式、方法,相互配合和补充,以期达到预定的目标。

例如:

(1)格兰仕之所以取得这样的成绩,是因为他们一直坚持降低成本和技术创

第十五课 四大问题考验中国汽车市场

新两条腿走路的经营策略。

（2）人们既不得不学会说话，也不得不学会写文章，也就是说，在语言和文字问题上，人们不得不用两条腿走路。

（3）那家上市公司制定了资本经营与企业扩张两条腿走路的基本方针。

练 习

一、根据课文选择正确答案。

1. 导致 2002 车市红火的原因是：_____。
   A. 市场弹性　　　　　　B. 降价
   C. 增加或提高配置　　　D. 企业竞争

2. 价格梯度最宽泛的新车是：_____。
   A. 派力奥　　B. POLO　　C. 威驰　　D. 赛欧

3. 目前，支撑我国 GDP 高速增长的行业是：_____。
   A. 汽车　　B. 家电　　C. 材料　　D. 信息产业

4. 中国第一次车险改革发生在：_____。
   A. 2003 年　　B. 2004 年　　C. 2005 年　　D. 2012 年

5. 在东风悦达起亚公司，控股方是：_____。
   A. 东风集团　　B. 悦达公司　　C. 起亚公司　　D. 本田公司

二、熟读并理解下列词语。

车价　车市　车型　车位　车况　车牌
轿车　客车　运钞车　吉普车　重型车　跑车

进口车 国产车 私车 公车 报废车 走私车

新车 老车 二手车 次新车

车险费率 以车定保 整车进口

汽车召回 汽车金融 整车合资

三、给下列句子中画线的词语选择合适的义项。

出台

A. 演员上场

B. 比喻公开出面活动

C.（政策、措施等）予以公布或实施

（　）1. 市政府新出台了乡镇企业管理办法。

（　）2. 离开戏剧界十年之后，他重新出台演出了话剧《雷雨》。

（　）3. 事情越闹越大，教育局长不得不亲自出台劝说学生。

（　）4. 在新方案没有出台之前，我们还是按原计划去做。

起伏

A. 一起一落

B. 比喻感情、关系等起落变化

（　）1. 她的病情起伏不定，暂时还不能出院。

（　）2. 最近，两国关系出现了一些起伏。

（　）3. 雾散了，远处起伏的群山慢慢地显现出来。

（　）4. 他俩谈了八年恋爱，中间经历了多次起伏。

兑现

A. 凭票据向银行换取现款，泛指结算时支付现款

B. 比喻实现诺言

第十五课　四大问题考验中国汽车市场

(　　)1. 你以为他的承诺都能兑现吗？

(　　)2. 这张支票已经过期，无法兑现。

(　　)3. 我既然已经答应了，就一定会兑现。

(　　)4. 到了月末兑现时，他们一共收入近万元。

呼声

A. 呼喊的声音

B. 群众的意见和要求

(　　)1. 电视剧播出后，观众要求重播的呼声非常强烈。

(　　)2. 还没进体育馆呢，就听到球迷此起彼伏的呼声。

(　　)3. 作为领导，应该多听听群众的呼声。

(　　)4. 那位歌星在歌迷的呼声中走上了舞台。

弹性

A. 物体受外力作用变形后，除去作用力时能恢复原来形状的性质

B. 比喻事物可多可少、可大可小等伸缩性

(　　)1. 多年以来，这个国家一直实行弹性外交政策。

(　　)2. 人在30岁以后，皮肤开始逐渐失去弹性。

(　　)3. 这种材料弹性太差，我们不得不寻找一种新的材料。

(　　)4. 秘书给老板安排时间时要有一定的弹性，不要把工作排得太满。

四、用下列词语选择填空。

轻而易举　　秘而不宣　　一纸空文　　一毛不拔　　先见之明

美梦成真　　翘首以待　　不言而喻　　雷厉风行　　置之不理

1. 他对自己将要出国的事_____。

2. 要是当初有_____，就不会落到今天这个地步了。

3. 男人送女人玫瑰花，要表达的意思是_____的。

4. 公司老板坚持自己的做法，对员工的合理化建议_____。

5. 听说那位歌星要来广州，大家都_____。

6. 合同不是_____，是双方都要认真履行的。

7. 任何一个人，要想_____，都要付出辛勤的努力。

8. 大家一起出去旅游，小王_____，总让别人出钱。

9. _____是他一贯的工作作风。

10. 那位运动员_____地获得了奥运会冠军。

五、辨析下列近义词并选择填空。

延长—延伸　　探索—探求—探究

默认—默许　　启动—发动　　签订—签署

1. 他是一个热衷于_____学问的人。

2. 历史学家不断_____历史发展的规律。

3. 他在_____引发那场战争的原因。

4. 这条公路一直_____到海边。

5. 那所大学_____报名日期的通知已经在网上公布了。

6. 你不反驳，不就等于_____了吗？

7. 局长_____了他的建议。

8. 随着一声长鸣，火车_____了。

9. _____几十年前那场战争的人已经不在人世了。

10. 两国_____了贸易议定书和支付协议。

11. 军长亲自_____了给那位战士的嘉奖令。

六、用括号里的词语完成句子。

1. 公司决定_____。(两条腿走路)
2. 他们一致认为，_____。(较)
3. 对懒惰的人来说，_____。(较为)
4. 中国改革开放以后，_____。(空前)
5. 如果你坚持一个人做决定，_____。(由此)
6. 这条公交线路的开通_____。(大大)
7. _____，何况一般人呢。(尚且)
8. 他的做法_____。(突破……底线)

七、综合填空。

公交优先一经提出，立即引起社会广泛__1__。普通百姓持欢迎态度；倡导汽车__2__进入家庭的人士，则担心此举会影响私人购买汽车的热情，进而动摇汽车产业__3__国民经济支柱产业的重要地位。第二次世界大战后，德、法、英等许多国家都__4__私人购买汽车，__5__把大规模修建道路当作解决交通拥挤的法宝。然而，在实现汽车进入家庭后，人们发现，交通__6__越来越紧张了。

1. A. 关注　　　B. 关切　　　C. 关心　　　D. 注意
2. A. 尽量　　　B. 尽快　　　C. 快速　　　D. 加快
3. A. 成为　　　B. 当成　　　C. 作为　　　D. 建成
4. A. 激励　　　B. 鼓励　　　C. 鼓舞　　　D. 鼓动
5. A. 又　　　　B. 再　　　　C. 并　　　　D. 而
6. A. 而且　　　B. 因而　　　C. 从而　　　D. 反而

八、写一篇小文章（250～300字），介绍一下中国汽车市场的现状。

参考词语：不可逆转　　屈指算来　　美梦成真　　两条腿走路　　兑现

生词总表

A

词 语	拼 音	词性	所属课文
黯然失色	àn rán shī sè		8
懊恼	ào nǎo	形	4

B

词 语	拼 音	词性	所属课文
白热化	bái rè huà	动	10
版本	bǎn běn	名	4
版权	bǎn quán	名	8
榜首	bǎng shǒu	名	15
褒	bāo	动	8
保底	bǎo dǐ	动	8
保费	bǎo fèi	名	2
保障	bǎo zhàng	动	5
报批	bào pī	动	11
暴发	bào fā	动	6
暴利	bào lì	名	7
爆炒	bào chǎo	动	8
背道而驰	bèi dào ér chí		1
悖	bèi	动	11
本土	běn tǔ	名	13
迸发	bèng fā	动	5

词 语	拼 音	词性	所属课文
逼近	bī jìn	动	15
比重	bǐ zhòng	名	5
必由之路	bì yóu zhī lù		3
毕恭毕敬	bì gōng bì jìng		11
弊病	bì bìng	名	6
壁垒	bì lěi	名	12
边界	biān jiè	名	11
贬	biǎn	动	8
变数	biàn shù	名	15
便捷	biàn jié	形	2
遍布	biàn bù	动	13
遍地开花	biàn dì kāi huā		9
遍及	biàn jí	动	2
飙升	biāo shēng	动	2
表面	biǎo miàn	名	9
冰雹	bīng báo	名	2
秉公	bǐng gōng	动	7
并举	bìng jǔ	动	8
波动	bō dòng	动	15
博彩	bó cǎi	名	4
补贴	bǔ tiē	动	2
不堪	bù kān	动	6
不容	bù róng	动	6
不懈	bù xiè	形	8
不以为然	bù yǐ wéi rán		9
不足为奇	bù zú wéi qí		9
步伐	bù fá	名	10
部署	bù shǔ	动	13

词　语	拼　音	词性	所属课文
擦边球	cā biān qiú	名	14
才思	cái sī	名	10
财源	cái yuán	名	7
采购	cǎi gòu	动	3
彩民	cǎi mín	名	4
彩票	cǎi piào	名	4
参与	cān yù	动	2
残留	cán liú	动	6
测评	cè píng	动	13
参差不齐	cēn cī bù qí		14
差事	chāi shi	名	7
蝉联	chán lián	动	13
产能	chǎn néng	名	5
猖獗	chāng jué	形	14
长此以往	cháng cǐ yǐ wǎng		10
长篇累牍	cháng piān lěi dú		4
敞	chǎng	动	2
超标	chāo biāo	动	6
炒	chǎo	动	2
车祸	chē huò	名	7
车况	chē kuàng	名	15
沉寂	chén jì	形	14
陈规陋习	chén guī lòu xí		9
成败	chéng bài	名	13
成本	chéng běn	名	7
成千上万	chéng qiān shàng wàn		11
成色	chéng sè	名	14

词　语	拼　音	词性	所属课文
丞相	chéng xiàng	名	11
诚信	chéng xìn	形	1
承包	chéng bāo	动	7
承诺	chéng nuò	名	1
承载	chéng zài	动	1
乘风破浪	chéng fēng pò làng		7
程序	chéng xù	名	14
迟钝	chí dùn	形	4
迟缓	chí huǎn	形	15
持股	chí gǔ	动	13
重组	chóng zǔ	动	3
出局	chū jú	动	10
出人意料	chū rén yì liào		8
储蓄	chǔ xù	动	5
畜	chù	名	6
窗口	chuāng kǒu	名	13
创举	chuàng jǔ	名	12
创业	chuàng yè	动	1
创意	chuàng yì	名	10
刺探	cì tàn	动	8
从事	cóng shì	动	2
从长计议	cóng cháng jì yì		10
促销	cù xiāo	动	12

D

词　语	拼　音	词性	所属课文
打天下	dǎ tiān xià		13
大举	dà jǔ	副	9

词　语	拼　音	词性	所属课文
大门洞开	dà mén dòng kāi		10
大势所趋	dà shì suǒ qū		3
大肆	dà sì	副	12
代价	dài jià	名	7
代理商	dài lǐ shāng	名	13
代销	dài xiāo	动	9
带动	dài dòng	动	2
担忧	dān yōu	动	4
单纯	dān chún	副	3
单枪匹马	dān qiāng pǐ mǎ		9
淡薄	dàn bó	形	1
当家	dāng jiā	形	15
当金	dàng jīn	名	14
当铺	dàng pù	名	14
导向	dǎo xiàng	名	1
导致	dǎo zhì	动	4
得天独厚	dé tiān dú hòu		1
得益	dé yì	动	9
登陆	dēng lù	动	9
低下	dī xià	形	9
低压电器	dī yā diàn qì	名	13
抵押	dǐ yā	动	14
底牌	dǐ pái	名	12
底线	dǐ xiàn	名	15
典当	diǎn dàng	动	14
典型	diǎn xíng	形	4
电子商务	diàn zǐ shāng wù		3
垫付	diàn fù	动	9

词　语	拼　音	词性	所属课文
跌	diē	动	2
定位	dìng wèi	动	1
定心丸	dìng xīn wán	名	12
动荡	dòng dàng	形	2
动机	dòng jī	名	4
短缺	duǎn quē	动	14
断流	duàn liú	动	6
断头台	duàn tóu tái	名	7
咄咄逼人	duō duō bī rén		9

词　语	拼　音	词性	所属课文
恶果	è guǒ	名	10
遏制	è zhì	动	6
鳄鱼	è yú	名	11
而已	ér yǐ	助	3

词　语	拼　音	词性	所属课文
发行权	fā xíng quán	名	8
发掘	fā jué	动	6
翻天覆地	fān tiān fù dì		2
反向	fǎn xiàng	动	13
方案	fāng àn	名	3
放弃	fàng qì	动	10
费率	fèi lǜ	名	15
分割	fēn gē	动	9

词　语	拼　音	词性	所属课文
分红	fēn hóng	动	2
分散	fēn sàn	动	4
分帐	fēn zhàng	动	8
份额	fèn é	名	9
丰硕	fēng shuò	形	13
风暴	fēng bào	名	9
风险	fēng xiǎn	名	7
缝纫机	féng rèn jī	名	5
凤毛麟角	fèng máo lín jiǎo		2
否认	fǒu rèn	动	4
福利	fú lì	名	6
驸马	fù mǎ	名	11
赋予	fù yǔ	动	1

词　语	拼　音	词性	所属课文
概率	gài lǜ	名	4
干预	gān yù	动	7
高薪	gāo xīn	名	7
高枕无忧	gāo zhěn wú yōu		10
格局	gé jú	名	15
隔离	gé lí	动	13
各自为政	gè zì wéi zhèng		9
根深蒂固	gēn shēn dì gù		9
耕地	gēng dì	名	6
羹	gēng	名	12

词　语	拼　音	词性	所属课文
更新	gēng xīn	动	5
公益	gōng yì	名	12
公映	gōng yìng	动	8
公子王孙	gōng zǐ wáng sūn		11
共识	gòng shí	名	3
供不应求	gōng bù yìng qiú		5
构建	gòu jiàn	动	5
诟病	gòu bìng	动	6
股民	gǔ mín	名	2
股票	gǔ piào	名	2
股权	gǔ quán	名	14
股市	gǔ shì	名	2
固定资产	gù dìng zī chǎn		13
固有	gù yǒu	形	9
顾及	gù jí	动	15
雇员	gù yuán	名	15
关口	guān kǒu	名	15
关税	guān shuì	名	15
关注	guān zhù	动	2
官司	guān si	名	8
灌溉	guàn gài	动	6
归咎	guī jiù	动	9
国门	guó mén	名	13
国色天香	guó sè tiān xiāng		11
过江之鲫	guò jiāng zhī jì		11
过人	guò rén	动	11

词　语	拼　音	词性	所属课文
涵盖	hán gài	动	1
行情	háng qíng	名	2
喝彩	hè cǎi	动	11
和谐	hé xié	形	6
核心	hé xīn	名	1
横向	héng xiàng	形	10
轰动效应	hōng dòng xiào yìng		8
弘扬	hóng yáng	动	1
宏观	hóng guān	形	5
喉咙	hóu lóng	名	11
吼	hǒu	动	11
后患	hòu huàn	名	14
候补	hòu bǔ	动	11
呼吁	hū yù	动	12
忽略	hū lüè	动	10
护城河	hù chéng hé	名	11
划算	huá suàn	形	4
环顾	huán gù	动	11
环节	huán jié	名	3
缓解	huǎn jiě	动	6
回首	huí shǒu	动	5
绘声绘色	huì shēng huì sè		8
浑然	hún rán	副	4
浑水摸鱼	hún shuǐ mō yú		14
混迹	hùn jì	动	14
获准	huò zhǔn	动	2

词　语	拼　音	词性	所属课文
积累	jī lěi	名	6
激活	jī huó	动	8
激增	jī zēng	动	5
岌岌可危	jí jí kě wēi		6
急剧	jí jù	副	6
给予	jǐ yǔ	动	2
寄卖	jì mài	动	14
寄生	jì shēng	动	14
寂静	jì jìng	形	11
加剧	jiā jù	动	10
加盟	jiā méng	动	3
家喻户晓	jiā yù hù xiǎo		12
间接	jiàn jiē	形	13
监督	jiān dū	动	7
监狱	jiān yù	名	7
见仁见智	jiàn rén jiàn zhì		8
见证	jiàn zhèng	动	1
鉴定	jiàn dìng	动	14
鉴于	jiàn yú	介	14
缰	jiāng	名	11
奖项	jiǎng xiàng	名	11
交锋	jiāo fēng	动	12
焦点	jiāo diǎn	名	15
较为	jiào wéi	副	15
教化	jiào huà	动	8
阶梯	jiē tī	名	5

词　语	拼　音	词性	所属课文
街头巷尾	jiē tóu xiàng wěi		8
截至	jié zhì	动	2
借鉴	jiè jiàn	动	1
锦上添花	jǐn shàng tiān huā		12
谨慎	jǐn shèn	形	15
进而	jìn ér	副	1
进展	jìn zhǎn	动	11
经典	jīng diǎn	形	12
经意	jīng yì	形	4
惊诧	jīng chà	形	8
迥异	jiǒng yì	形	9
九死一生	jiǔ sǐ yī shēng		11
举世瞩目	jǔ shì zhǔ mù		2
巨头	jù tóu	名	12
具备	jù bèi	动	3
剧照	jù zhào	名	8
剧组	jù zǔ	名	8
捐赠	juān zèng	动	12
决策	jué cè	动	5
角色	jué sè	名	12
绝无仅有	jué wú jǐn yǒu		10

K

词　语	拼　音	词性	所属课文
开采	kāi cǎi	动	6
开拓	kāi tuò	动	5
堪称	kān chēng	动	8

词　语	拼　　音	词性	所属课文
抗生素	kàng shēng sù	名	6
考证	kǎo zhèng	动	14
可行	kě xíng	形	3
可见一斑	kě jiàn yī bān		4
刻板	kè bǎn	形	9
恪守	kè shǒu	动	1
空前	kōng qián	形	15
控股	kòng gǔ	动	15
口碑	kǒu bēi	名	12
枯竭	kū jié	形	6
快捷	kuài jié	形	1
宽泛	kuān fàn	形	15
宽松	kuān sōng	形	15
匮乏	kuì fá	形	6
扩张	kuò zhāng	动	5

词　语	拼　　音	词性	所属课文
乐天	lè tiān	形	4
了却	liǎo què	动	11
雷厉风行	léi lì fēng xíng		15
累计	lěi jì	动	13
冷落	lěng luò	动	6
理念	lǐ niàn	名	1
力图	lì tú	动	7
力争上游	lì zhēng shàng yóu		9
立法	lì fǎ	动	7

词　语	拼　音	词性	所属课文
立竿见影	lì gān jiàn yǐng		7
立足	lì zú	动	6
利润	lì rùn	名	7
联手	lián shǒu	动	15
良性	liáng xìng	形	5
领地	lǐng dì	名	7
领域	lǐng yù	名	9
流畅	liú chàng	形	4
流程	liú chéng	名	3
流动	liú dòng	动	5
流失	liú shī	动	1
龙头	lóng tóu	名	5
路径	lù jìng	名	5
掠夺	lüè duó	动	6
论据	lùn jù	名	4
论证	lùn zhèng	名	4
落伍	luò wǔ	动	3
履行	lǚ xíng	动	2

M

词　语	拼　音	词性	所属课文
买断	mǎi duàn	动	8
漫灌	màn guàn	动	6
盲目	máng mù	形	6
盲人摸象	máng rén mō xiàng		11
媒体	méi tǐ	名	10
美梦成真	měi mèng chéng zhēn		15
魅力	mèi lì	名	4

词　语	拼　音	词性	所属课文
门槛	mén kǎn	名	2
萌芽	méng yá	动	2
弥补	mí bǔ	动	2
秘而不宣	mì ér bù xuān		15
秘诀	mì jué	名	12
免得	miǎn de	连	3
免检	miǎn jiǎn	动	13
面临	miàn lín	动	2
民营	mín yíng	形	13
民众	mín zhòng	名	11
敏捷	mǐn jié	形	10
名利双收	míng lì shuāng shōu		8
名列前茅	míng liè qián máo		10
模式	mó shì	名	3
默默无闻	mò mò wú wén		12
默许	mò xǔ	动	15
慕名	mù míng	动	1

N

词　语	拼　音	词性	所属课文
耐用	nài yòng	形	5
难能可贵	nán néng kě guì		4
内涵	nèi hán	名	1
能耗	néng hào	名	13
逆转	nì zhuǎn	动	3
虐待	nüè dài	动	7

词 语	拼 音	词性	所属课文
偶然性	ǒu rán xìng	名	11

词 语	拼 音	词性	所属课文
排头兵	pái tóu bīng	名	13
盘算	pán suan	动	10
抛售	pāo shòu	动	14
配备	pèi bèi	动	7
配合	pèi hé	动	3
配送	pèi sòng	动	3
配置	pèi zhì	动	13
蓬勃	péng bó	形	13
剽窃	piāo qiè	动	7
票房	piào fáng	名	8
拼死	pīn sǐ	副	11
贫乏	pín fá	形	6
频道	pín dào	名	9
评估	píng gū	动	10
迫切	pò qiè	形	9
铺垫	pū diàn	名	8
铺天盖地	pū tiān gài dì		8
普及	pǔ jí	动	5

词 语	拼 音	词性	所属课文
期限	qī xiàn	名	10

词　语	拼　音	词性	所属课文
祈祷	qí dǎo	动	11
旗手	qí shǒu	名	12
企图	qǐ tú	动	7
杞人忧天	qǐ rén yōu tiān		4
起步	qǐ bù	动	10
起伏	qǐ fú	动	15
器材	qì cái	名	12
千店一面	qiān diàn yī miàn		9
签署	qiān shǔ	动	15
前景	qián jǐng	名	14
前列	qián liè	名	9
前所未有	qián suǒ wèi yǒu		2
潜在	qián zài	形	1
谴责	qiǎn zé	动	7
强劲	qiáng jìng	形	12
抢眼	qiǎng yǎn	形	12
桥梁	qiáo liáng	名	13
翘首以待	qiáo shǒu yǐ dài		15
切入	qiē rù	动	12
切身	qiè shēn	形	5
切实	qiè shí	形	3
亲和力	qīn hé lì	名	12
禽	qín	名	6
青睐	qīng lài	动	14
轻而易举	qīng ér yì jǔ		15
清除	qīng chú	动	12
清晰	qīng xī	形	4

词　语	拼　音	词性	所属课文
屈指	qū zhǐ	动	15
趋向	qū xiàng	动	10
取决	qǔ jué	动	4
圈套	quān tào	名	14
权重	quán zhòng	名	4
缺陷	quē xiàn	名	10
确保	què bǎo	动	3
群体	qún tǐ	名	10

词　语	拼　音	词性	所属课文
让利	ràng lì	动	9
热销	rè xiāo	形	15
人满为患	rén mǎn wéi huàn		7
认同	rèn tóng	动	1
任重道远	rèn zhòng dào yuǎn		2
入股	rù gǔ	动	2
弱势	ruò shì	名	12

词　语	拼　音	词性	所属课文
赛事	sài shì	名	12
三位一体	sān wèi yī tǐ		13
杀手锏	shā shǒu jiǎn	名	12
煽动	shān dòng	动	7
商号	shāng hào	名	1
商铺	shāng pù	名	1

词 语	拼 音	词性	所属课文
上乘	shàng chéng	形	1
上座率	shàng zuò lǜ	名	8
尚方宝剑	shàng fāng bǎo jiàn		14
韶华	sháo huá	名	11
赊账	shē zhàng	动	9
设计	shè jì	动	3
涉及	shè jí	动	3
涉足	shè zú	动	14
摄制	shè zhì	动	8
身体力行	shēn tǐ lì xíng		11
神龙见首不见尾	shén lóng jiàn shǒu bù jiàn wěi		8
神速	shén sù	形	10
甚	shèn	副	6
渗透	shèn tòu	动	9
升级	shēng jí	动	5
生态学	shēng tài xué	名	6
生铁	shēng tiě	名	14
胜出	shèng chū	动	12
盛极一时	shèng jí yī shí		14
失事	shī shì	动	4
十全十美	shí quán shí měi		7
实施	shí shī	动	7
实时	shí shí	副	3
实体	shí tǐ	名	8
拾遗补阙	shí yí bǔ quē		14
食不果腹	shí bù guǒ fù		14
史料	shǐ liào	名	14

词　　语	拼　　音	词性	所属课文
势必	shì bì	副	10
试点	shì diǎn	动	2
视为	shì wéi	动	13
适中	shì zhōng	形	5
收成	shōu cheng	名	2
收敛	shōu liǎn	动	12
收益	shōu yì	名	14
首要	shǒu yào	形	13
受益	shòu yì	动	5
授权	shòu quán	动	13
率先	shuài xiān	副	13
水分	shuǐ fèn	名	15
顺从	shùn cóng	动	7
说服	shuō fú	动	4
说教	shuō jiào	动	7
死当	sǐ dàng	名	14
似是而非	sì shì ér fēi		9
松散	sōng sǎn	形	10
俗称	sú chēng	名	1
诉求	sù qiú	动	12
塑造	sù zào	动	10
随即	suí jí	副	7
随心所欲	suí xīn suǒ yù		8
损失	sǔn shī	动	2
损益	sǔn yì	动	13

词　语	拼　音	词性	所属课文
太极拳	tài jí quán	名	12
贪婪	tān lán	形	4
探究	tàn jiū	动	15
逃避	táo bì	动	11
陶醉	táo zuì	动	12
淘汰	táo tài	动	3
提名	tí míng	动	8
提升	tí shēng	动	10
天高任鸟飞	tiān gāo rèn niǎo fēi		13
天使	tiān shǐ	名	7
甜头	tián tou	名	2
挑剔	tiāo ti	动	1
条款	tiáo kuǎn	名	14
调控	tiáo kòng	动	5
调整	tiáo zhěng	动	1
舒适	shū shì	形	1
通气	tōng qì	动	11
同行	tóng háng	名	9
统统	tǒng tǒng	副	11
痛惜	tòng xī	动	4
骰子	tóu zi	名	11
突破	tū pò	动	6
途径	tú jìng	名	4
土壤	tǔ rǎng	名	6
推陈出新	tuī chén chū xīn		2
妥协	tuǒ xié	动	15

词　语	拼　音	词性	所属课文
完善	wán shàn	动	3
网页	wǎng yè	名	3
网站	wǎng zhàn	名	3
望而却步	wàng ér què bù		14
微	wēi	形	6
为数	wéi shù	动	2
维持	wéi chí	动	6
维护	wéi hù	动	5
萎缩	wěi suō	动	14
位居	wèi jū	动	13
温饱	wēn bǎo	名	5
问世	wèn shì	动	8
沃土	wò tǔ	名	10
无比	wú bǐ	动	11
无机	wú jī	形	6
无序	wú xù	形	10
毋庸置疑	wú yōng zhì yí		4
误区	wù qū	名	3

词　语	拼　音	词性	所属课文
吸纳	xī nà	动	9
稀有	xī yǒu	形	10
膝盖	xī gài	名	4
喜讯	xǐ xùn	名	15

词　语	拼　音	词性	所属课文
下线	xià xiàn	动	15
先见之明	xiān jiàn zhī míng		15
先入为主	xiān rù wéi zhǔ		12
掀起	xiān qǐ	动	5
鲜见	xiǎn jiàn	形	6
鲜为人知	xiǎn wéi rén zhī		2
显而易见	xiǎn ér yì jiàn		1
现身说法	xiàn shēn shuō fǎ		4
限制	xiàn zhì	动	6
想方设法	xiǎng fāng shè fǎ		7
消耗	xiāo hào	动	11
销赃	xiāo zāng	动	14
小打小闹	xiǎo dǎ xiǎo nào		9
小康	xiǎo kāng	形	5
小觑	xiǎo qù	动	6
效仿	xiào fǎng	动	12
效应	xiào yìng	名	10
心术不正	xīn shù bù zhèng		14
心有余悸	xīn yǒu yú jì		14
信守	xìn shǒu	动	1
信用	xìn yòng	形	14
信誉	xìn yù	名	1
行驶	xíng shǐ	动	3
行之有效	xīng zhī yǒu xiào		12
醒目	xǐng mù	形	10
修辞	xiū cí	动	4
许可证	xǔ kě zhèng	名	15

词　语	拼　音	词性	所属课文
序幕	xù mù	名	15
畜牧	xù mù	动	6
宣传	xuān chuán	动	3
悬念	xuán niàn	名	15
削价	xuē jià	动	9
雪中送炭	xuě zhōng sòng tàn		12
寻常	xún cháng	形	2
寻求	xún qiú	动	13
循序渐进	xún xù jiàn jìn		3
循循善诱	xún xún shàn yòu		4

词　语	拼　音	词性	所属课文
延伸	yán shēn	动	15
延续	yán xù	动	5
严酷	yán kù	形	7
严令	yán lìng	动	8
研究所	yán jiū suǒ	名	13
洋店	yáng diàn	名	9
养殖	yǎng zhí	动	6
遥相呼应	yáo xiāng hū yìng		12
要诀	yào jué	名	8
一锤子买卖	yī chuí zi mǎi mai		10
一举成名	yī jǔ chéng míng		12
一鳞半爪	yī lín bàn zhǎo		8
一毛不拔	yī máo bù bá		15
一席之地	yī xí zhī dì		8

词　语	拼　音	词性	所属课文
一纸空文	yī zhǐ kōng wén		15
依赖	yī lài	动	5
移动通信	yí dòng tōng xìn	名	13
遗产	yí chǎn	名	1
以致	yǐ zhì	连	11
议论风生	yì lùn fēng shēng		8
亦	yì	副	6
异地	yì dì	名	13
抑制	yì zhì	动	5
疫病	yì bìng	名	6
意识	yì shí	动	3
意愿	yì yuàn	名	6
引导	yǐn dǎo	动	8
引进	yǐn jìn	动	10
隐患	yǐn huàn	名	2
隐忧	yǐn yōu	名	10
英姿	yīng zī	名	4
营销	yíng xiāo	名	12
营养	yíng yǎng	名	7
赢得	yíng dé	动	1
涌现	yǒng xiàn	动	5
踊跃	yǒng yuè	形	14
优化	yōu huà	动	3
有待	yǒu dài	动	5
有赖	yǒu lài	动	5
有目共睹	yǒu mù gòng dǔ		6
有识之士	yǒu shí zhī shì		14

词　语	拼　音	词性	所属课文
有限	yǒu xiàn	形	9
诱导	yòu dǎo	动	4
予以	yǔ yǐ	动	6
预示	yù shì	动	3
原理	yuán lǐ	名	11
缘木求鱼	yuán mù qiú yú		7
源泉	yuán quán	名	6
约束	yuē shù	动	6
跃升	yuè shēng	动	12
运作	yùn zuò	动	3
蕴含	yùn hán	动	1

词　语	拼　音	词性	所属课文
早熟	zǎo shú	形	6
造就	zào jiù	动	11
择婿	zé xù		11
债券	zhài quàn	名	14
战乱	zhàn luàn	名	14
站住脚	zhàn zhù jiǎo		13
张牙舞爪	zhāng yá wǔ zhǎo		11
张扬	zhāng yáng	动	12
长此以往	cháng cǐ yǐ wǎng		10
长篇累牍	cháng piān lěi dú		4
招架	zhāo jià	动	9
招牌	zhāo pai	名	1
招亲	zhāo qīn	动	11

词 语	拼 音	词性	所属课文
甄别	zhēn bié	动	11
阵容	zhèn róng	名	8
拯救	zhěng jiù	动	11
整合	zhěng hé	动	3
正比	zhèng bǐ	名	9
正视	zhèng shì	动	10
支柱	zhī zhù	名	10
执法	zhí fǎ	动	7
直观	zhí guān	形	4
至关重要	zhì guān zhòng yào		7
致使	zhì shǐ	动	6
秩序	zhì xù	名	7
掷	zhì	动	11
置之不理	zhì zhī bù lǐ		15
众说纷纭	zhòng shuō fēn yún		8
重负	zhòng fù	名	6
重型	zhòng xíng	形	15
重镇	zhòng zhèn	名	13
周到	zhōu dào	形	2
周遭	zhōu zāo	名	6
周转	zhōu zhuǎn	动	3
诸多	zhū duō	形	2
主旋律	zhǔ xuán lǜ	名	10
注册资本	zhù cè zī běn		14
注解	zhù jiě	名	8
注入	zhù rù	动	14
注重	zhù zhòng	动	9

词　语	拼　音	词性	所属课文
专利	zhuān lì	名	13
专项	zhuān xiàng	名	14
转移	zhuǎn yí	动	5
追加	zhuī jiā	动	15
着力	zhuó lì	动	5
咨询	zī xún	动	3
资深	zī shēn	形	10
资助	zī zhù	动	12
自然而然	zì rán ér rán		1
字号	zì hào	名	1
字样	zì yàng	名	12
综观	zōng guān	动	8
总额	zǒng é	名	9
纵观	zòng guān	动	2
纵向	zòng xiàng	形	10
走红	zǒu hóng	动	12
走马灯	zǒu mǎ dēng	名	15
足以	zú yǐ	副	9
阻碍	zǔ ài	动	5
罪犯	zuì fàn	名	7